하늘로
우주로
네 꿈을
쏴라!

도움 주신 분
채연석(로켓 연구가) 김주년(한국항공우주연구원) 김방엽(한국항공우주연구원) 신재원(미항공우주국)
옥수현(한국항공우주연구원) 조남규(한국항공우주연구원) 박병열(대한항공) 정진희(아시아나항공) 박미원(대한항공)

사진 제공
한국항공우주연구원(12쪽, 57쪽, 64쪽, 75쪽, 78쪽, 79쪽, 80쪽, 81쪽, 88쪽, 95쪽, 105쪽, 106쪽, 109쪽, 115쪽, 129쪽, 135쪽, 157쪽, 164쪽)
대한항공(18쪽, 22쪽, 35쪽, 43쪽, 52쪽), 인천국제공항공사(28쪽), 한겨레신문사(85쪽), 미항공우주국 (92쪽, 100쪽)

하늘로 우주로 네 꿈을 쏴라!

초판 1쇄 발행 2011년 7월 7일 | 4쇄 발행 2020년 4월 9일

지은이 황도순 오선아 김수석 | **그린이** 송진욱

펴낸이 이상훈 | **편집인** 김수영 | **본부장** 정진항
편집 한겨레아이들 | **디자인** SALT & PEPPER
마케팅 천용호 조재성 박신영 조은별 노유리 | **경영지원** 정혜진 이송이
펴낸곳 한겨레출판(주) 서울 마포구 창전로 70 5층 | **홈페이지** www.hanibook.co.kr
전화 02-6383-1602~3 | **팩스** 02-6383-1610 | **출판등록** 2006년 1월 4일 제313-2006-00003호

ISBN 978-89-8431-479-5 74330
　　　　978-89-8431-408-5(세트)

- 값은 뒤표지에 있습니다.
- 이 책의 일부 또는 전부를 재사용하려면 반드시 저작권자와 한겨레출판(주) 양측의 동의를 얻어야 합니다.
- KC마크는 이 제품이 공통안전기준에 적합하였음을 의미합니다.
- ⚠ 책 모서리에 다치지 않게 주의하세요.

하늘로 우주로 네 꿈을 쏴라!

열두 살 직업체험 항공우주 편

황도순·오선아·김수석 글
송진욱 그림

한겨레아이들

머리말

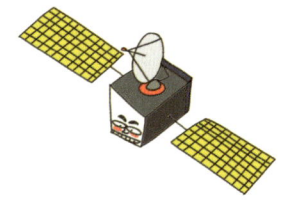

지금 어떤 꿈을 꾸고 있나요?

　　지금 어떤 꿈을 꾸고 있나요? 무엇이 되고 싶나요? 하늘을 날고 싶다는 꿈을 가진 적이 있나요? 풀밭에 누워 긴 비행운을 남기고 어디론가 날아가는 비행기를 바라본 적은요? 깜깜한 밤하늘에 반짝이는 인공위성을 찾아본 적은 있나요?

　　"오랫동안 꿈을 그리는 사람은 그 꿈을 닮아간다"는 프랑스 작가 앙드레 말로의 유명한 말이 있어요. 꿈을 잃지 않고 계속 꾸다 보면 그와 관련된 고민들을 하고, 꿈을 위해 더욱 노력하게 된다는 말이겠지요.

　　이 책은 항공 우주에 관한 다양한 직업들에 대해 알려 주고, 꿈을 꿀 수 있도록 도와주는 책이에요.

　　하늘에 비행기가 있다면 그 너머 우주에는 우주선이 있어요. 비행기가 다니는 길이 땅으로부터 100km 내외라면, 우주는 100km 이상 되는 곳을 말합니다.

　　항공 하면 비행기, 조종사, 승무원이 먼저 떠오르지요? 하지만 비행기를 운항하기 위해서는 더 많은 직업들이 필요해요. 비행기를 고치는 항공 정비사, 비행기끼리 충돌하지 않고 안전하게 이착륙을 할 수 있도록 돕는 항공 교통 관제사, 운항 관리사도 있지요.

　　우주 하면 무엇이 떠오르나요? 나와 상관없는 공간이란 생각이 들지는 않나요?

그렇다면 우주에 떠 있는 인공위성을 생각해 볼까요?

 인공위성이 없으면 우리 삶도 당장 정지되고 말 거예요. 인터넷을 하고, 텔레비전을 보고, 내비게이션을 통해 가야 할 곳을 찾아가고, 태풍이 오는 것을 예견해 미리 준비할 수 있게 해 주는 것이 모두 인공위성이 하는 일이거든요. 이 인공위성을 우주로 보내기 위해서는 로켓이라는 발사체가 꼭 필요하고요. 인공위성과 로켓을 만들기 위해서는 수많은 연구자와 과학자, 기술자 들이 필요합니다. 이제 우주가 조금 가깝게 느껴지나요?

 항공 우주의 역사는 하늘을 날고 싶다는 사람들의 오래된 꿈에서 비롯되었다고 할 수 있어요. 처음에는 엉뚱한 꿈이었겠지만 그 꿈을 조금씩 구체화시키고 실현시켜 온 것이 항공 우주 분야가 발전해 온 역사입니다.

 하늘을 날고 싶은 꿈, 나아가 우주로 날아가고 싶은 꿈을 가진 친구들! 그리고 과학으로 사회에 공헌하고 싶은 꿈을 가진 친구들! 그건 분명 이루어질 수 있는 꿈이니 지치지 말고 우주로 꿈을 쏘아 올리길 바랄게요.

황도순

차례

머리말　04

등장인물 소개　08

1 넌 어디까지 가 봤니? 항공 편

진짜 비행기를 탄다고?　011
비행기를 치료하는 의사　014
승무원과 조종사가 되기 위한 훈련　022
궁금타파　'운항 관리사'와 '항공 교통 관제사'　028
궁금타파　비행기 조종사　030
다짜고짜 인터뷰　비행기 조종사 - 박병열　032
승무원이 됐어요!　036
와자지껄 비행기 속으로　042
궁금타파　공항에는 어떤 직업들이 있을까?　052
다짜고짜 인터뷰　스튜어디스 - 아시아나항공 정진희　054

2 너의 꿈을 쏘아라 로켓 편

로켓을 날려라!　057
신기한 고물상　062
날아라 로켓, 공상 II호여!　068
궁금타파　로켓을 만드는 사람들　074

다짜고짜 인터뷰　　로켓 연구가 – 채연석　　**076**
다짜고짜 인터뷰　　나로호 개발 연구원 – 김주년　　**078**

3 하늘 위의 일꾼  인공위성 편

생활 속의 인공위성　**083**
인공위성을 만나다　**094**
인공위성을 조종하는 사람들　**098**
궁금타파　인공위성을 만드는 사람들　**104**
다짜고짜 인터뷰　　인공위성 운영자 – 김방엽　　**108**

4 우주, 그 너머를 꿈꾸다  우주 편

어린이 우주인 선발 대회에 나가다　**113**
청년의 섬　**120**
우주인 훈련을 받다　**127**
우주로 네 꿈을 쏴라!　**135**
가장 행복한 곳은 지금 여기!　**150**
궁금타파　우주 관련 직업에는 무엇이 있을까?　**154**
다짜고짜 인터뷰　　NASA 한국인 과학자 – 신재원　　**158**

덧붙임
1. 인공위성에 대해 궁금한 다섯 가지
2. 우주인에 대해 궁금한 다섯 가지
3. 항공 우주 관련 전시관과 참여 프로그램 소개

등장인물 소개

박우주

소심하지만 꿈을 위해 한 걸음씩 노력하는 노력파.
엄마는 일찍 돌아가시고, 일용직 역무원인 아버지와 단둘이 살고 있다.
지금은 비행기 한번 못 타봤지만 먼 훗날 우주 과학자가 되어 우주를 여행할
꿈을 갖고 있다.
"마음이 답답할 때는 드넓은 우주를 생각해. 그러면 내가 가진
걱정들이 아주 사소하게 느껴져. 나는 커서 우주를 연구할 거야. 언젠간 화성에
2층짜리 집을 짓고, 우주선을 타고 출근을 하겠지. 바보 같은 생각이라고?
두고 봐! 그런 날이 올 테니깨!"

강하늘

자신이 노력해 얻기보다 아빠의 힘만 믿는
왕자랑질 선수.
아빠가 대한민국 대표 항공사의 임원이다.
덕분에 비행기를 타고 많은 나라를 여행해 봤다.
"너 비행기 타고 어디까지 가 봤니? 우리 아빠가
항공사에서 굉장히 높은 분이거든? 그러니
나한테 잘 보이면 항공사 견학쯤은
아무것도 아니지!"

소미리내

스튜어디스가 꿈인 새침데기.
"나같이 예쁜 여자아이는 스튜어디스가 딱이지.
어, 이소연 언니를 보니 우주인도 괜찮겠는걸?"

공영만

'다있어 고물상' 할아버지. 엉뚱한 것들을 만들어 내는 괴짜 할아버지다.

"로켓을 찾는다고? 어디까지 가는 로켓을 줄까? 화성까지? 아니면 목성까지?"

조현무

일명 조 대리. 아이들의 항공사 견학 가이드를 담당한다.

"결혼도 하기 전에 입사 최대의 위기가 찾아올 줄이야!"

공상두

일명 공 박사. 고물상 할아버지의 아들이자, 한국항공우주연구원 박사다.

"로켓이 날아오르지 못한다고 해서 너무 실망하지 말거라. 본래 발명의 역사는 실패의 역사란다. 실패의 과정이야말로 성공을 위해 꼭 필요한 것이지."

가가멜

매부리코, 험상궂은 인상, 포스 작렬의 '가가린 우주인 훈련 센터' 교관.

"너로 인해 새롭게 자랄 우주 인재들이 좀 더 우주에 관심과 꿈을 가질 수 있을 거야. 너는 그 아이들의 꿈을 안고 우주로 가는 거란다."

진짜 비행기를 탄다고?

"우와~! 그게 정말이야?" "킹왕짱 멋지다!" "나도 한번 가 봤으면……."

개학 첫날, 5학년 3반 교실은 저마다 방학 때 한 일을 자랑하느라 떠들썩했다. 부모님과 여행을 다녀온 아이, 어학연수 다녀온 아이, 친척 집에 다녀온 아이……. 하지만 그중에서도 가장 듣기 싫은 건, 하늘이의 자랑이다. 하늘이 아빠는 대한민국 항공사 중 가장 유명하다는 '한국항공사'에 다닌다. 그래서 하늘이는 어려서부터 외국을 이웃집 드나들듯이 한다고 했다.

"이번 방학 땐 유럽 일주를 했어. 이탈리아에서 피자를 먹고, 프랑스에서 〈모나리자〉 그림을 감상했지. 그리고 영국에 가서 박지성 형의 경기를 봤어."

하늘이가 자랑을 하자, 시끌벅적하던 아이들이 조용해졌다. 속으로는 '쳇 잘난 척하기는. 그게 다 제 아빠 덕이면서.' 할지 몰라도.

"정말 좋았겠다. 나도 그렇게

1 우주선
우주로 띄운 인공 천체를 말해요. 관측, 시험, 연구, 조사와 실용적인 목적으로 사용되는 모든 것을 일컫는 말입니다. 종류로는 외계 행성을 탐사하는 데 사용되는 탐사선, 지상과의 통신에 사용되는 통신 위성, 지구의 자원 탐사와 관측에 사용되는 관측 위성이 있습니다. 그리고 과학 실험을 위한 과학 위성, 위치를 알려 주는 항행 위성(GPS), 날씨를 알려 주는 기상 위성, 그리고 우주 실험과 체류를 위한 우주 정거장도 우주선에 포함됩니다.

여행을 떠나 봤으면!"

스튜어디스가 꿈인 미리내가 가슴에 손을 모으고 탄성을 질렀다. 그러다가 나와 눈이 딱 마주쳤다.

"우주야, 넌 방학 때 어디 갔다왔어?"

"어? 나, 난……."

할 말이 없었다. 우리 엄마는 어릴 적에 돌아가시고 난 아빠와 단둘이 산다. 그리고 아빠는 일용직 역무원으로 일한다. 밥을 굶을 정도는 아니지만, 다른 집 아이들처럼 해외여행을 할 정도로 넉넉하지도 못하다.

"쟨 비행기 못 타 봤을걸!"

하늘이가 비아냥댔다.

"그깟 비행기 몇 번 타 봤다고 자랑질이냐? 나는 우주선¹을 탈 거라고."

나도 모르게 큰소리를 쳤다.

"아, 하늘아! 너희 아빠한테 부탁 드려서 항공사 견학시켜 달라고 하면 안

될까? 이참에 비행기 한번 타 보면 더 좋고 말이지."

미리내가 간절한 표정으로 하늘이를 바라보았다.

"뭐, 그 정도쯤이야……."

하늘이가 거만한 자세로 말했다.

"정말? 와! 신난다. 우주야! 너도 같이 가면 되겠다! 어쩌면 진짜 비행기를 탈 수 있을지도 모르잖아."

나는 관심 없다고 말하고 싶었지만, 차마 입이 떨어지지 않았다. 벌써부터 마음이 설레어 왕재수 강하늘의 거만한 태도쯤은 눈에도 안 들어왔다.

비행기를 치료하는 의사

그렇게 나는 하늘이, 미리내와 함께 항공사 견학을 가게 되었다. 순환 버스를 타고 공항 안에 있는 항공사 건물에 도착하자, 우리를 안내해 줄 아저씨가 나와 있었다.

"어서 오렴! 나는 너희들의 견학을 도와줄 조현무 대리란다. 견학하다가 궁금한 게 있으면 무엇이든 물어보렴! 우선 너희는 항공이라는 말을 들으면 무엇이 가장 먼저 떠오르니?"

"예쁜 스튜어디스 언니요!"

미리내가 눈을 반짝이며 말했다.

"조종사 아저씨요!"

내가 말했다.

"당연히 하늘이 떠오르죠. 근데 우리 아빠가 아저씨보다 훨씬 높은 자리에 있는 건 알고 계시죠?"

하늘이가 거드름을 피우며 말했다.

너희들의 견학을 도와줄 조현무 대리란다.

조영구요?

겨우 대리야!

"그래……. 그렇다면 하늘아, 항공과 우주는 무얼 기준으로 나누는 것 같니?"

아저씨는 하늘이에게 다소 엉뚱해 보이는 질문을 했다.

"글쎄요. 비슷한 거 아니에요? 항공도 하늘, 우주도 하늘이잖아요."

얼버무리는 하늘이를 보면서 조 대리 아저씨가 웃으며 답해 줬다.

> **2 다양한 항공 관련 직업들**
>
> 항공기를 만들고 사람이나 짐을 태워서 날기까지 많은 사람들이 필요합니다. 새로운 항공기를 연구하고 기존 항공기의 성능을 개선하기 위해 노력하는 연구원도 필요하고, 항공기를 직접 만드는 공학자와 기술자도 필요합니다. 이밖에도 항공기를 조종하는 조종사, 기내 서비스를 담당하는 승무원, 항공기의 이착륙을 돕는 관제사, 항공기의 정비를 담당하는 정비사 등이 필요합니다.

"후훗. 그것도 맞는 말이지. 좀 더 자세히 이야기하면 지구를 기준으로 대기가 존재하는 약 100킬로미터까지를 항공 분야, 그 높이 이상을 우주 분야로 나눈단다. 많은 사람들이 항공 하면 승무원이나 조종사를 먼저 떠올리지. 하지만 항공사에는 그들 말고도 다양한 직업[2]들이 있어. 이번 체험을 통해 이 분야에 대해 좀 더 폭넓은 시야를 가지면 좋겠구나. 그럼 항공사에 왔으니 먼저 비행기를 봐야겠지?"

조 대리 아저씨는 우리를 커다란 창고 같은 데로 데려갔다.

"여기는 비행기 정비를 하는 격납고란다. 비행기 병원이라고 생각하면 돼.

사람이 아프면 병원에 가듯이, 비행기도 이곳에서 점검과 정비를 받는단다. 저기 보이는 비행기가……."

조 대리 아저씨는 말을 하다 말고 주위를 두리번거렸다. 그러고 보니 하늘이가 안 보였다. 그때 저쪽에서 하늘이 목소리가 들렸다. 하늘이는 정비복을 입은 아저씨한테 붙잡혀 오고 있었다.

"이거 놔요! 우리 아빠가 누군줄이나 알고 이러시는 거예요?"

"네 녀석 아버지가 하느님이라고 해도, 안 돼. 비행기 부품에 하나라도 문제가 생기면 승객들의 안전은 책임질 수 없는 거야!"

정비사 아저씨가 둘러업은 하늘이를 우리 곁에 내려놓았다.

"이 녀석이 분리해 놓은 부품에 손을 대서요!"

"아이쿠, 제가 주의를 줬어야 했는데, 죄송합니다. 얘들아, 인사해. 정비를 책임지는 정비사[3] 박 주임 아저씨란다! 비행기를 고치는 의사라고 할 수 있지."

조 대리 아저씨의 소개에 나와 미리내는 꾸벅 인사를 했다. 하늘이만 입술을 삐죽대고 있었다.

"비행기는 백만 가지 부품과 시스템이 결합해서 만들어져. 부품 하나하나가 자기 기능을 제대로 발휘할 때 안전한 비행을 할 수 있는 거야. 그러한 부품에 사소한 결함이라도 생기는 날엔 커다란 인명 피해로 이어질 수 있어. 그만큼 정비사의 일은 중요하단다. 그러니 아무나 함부로 만져서는 안 돼!"

[3] 항공 정비사
정비사는 비행기의 이상 유무를 확인하여 정비하는 사람을 말합니다. 비행기는 비행 중에는 정비를 할 수 없기 때문에 평상시 주의 깊게 살펴야 합니다. 그래서 비행기는 이상이 없어도 일정 시간이 지나면 비행기 전체를 분해한 뒤 내부의 이상 상태 점검 및 정비를 하는 '창정비(비행기 엔진의 경우 대개 운용 시간 3,000시간 경과 후)'라고 하는 절차를 반드시 지킵니다.

박 주임 아저씨가 하늘이에게 눈치를 주며 말했다.

"그러면 어떤 사람이 비행기 정비를 할 수 있나요?"

내가 물었다.

"음……. 정밀한 기계를 다뤄야 하니까 손동작이 정교한 사람이 유리하지. 집중력과 인내심이 필요한 일이기도 하고. 그리고 밤낮 없이, 비나 눈이 와도 작업을 해야 하기 때문에 강인한 정신력과 체력이 무엇보다 중요해. 정밀함이 생명인 직업이라 색맹이나 색약인 경우는 곤란하단다."

"쳇……. 별거 아니군."

하늘이가 툴툴댔다.

"항공 기술은 나날이 발전하니까 끊임없이 공부하고 노력해야 해. 그러기 위해서는 외국어 실력도 있어야 하고."

박 주임 아저씨가 하늘이를 흘겨보며 말했다.

"영어를 아주 잘해야 하나요?"

내가 묻자 박 주임 아저씨가 다소 누그러진 목소리로 대답했다.

"비행기의 부품과 시스템에 관한 책들이 대부분 영어로 씌어 있어. 그리고 정비사의 능력을 키우기 위해 외국에 파견을 가야 할 때도 있고. 요즘은 해외에서 정비를 하는 경우도 늘어서 영어 실력이 뒷받침되면 좋겠지?"

"항공 분야는 세계를 무대로 하기 때문에 어느 분야에서 일하든지 외국어

4 항공 정비사가 되려면?

정비사가 되려면 '항공 정비사 자격증'을 따야 합니다. 먼저 항공고등학교나 공군고등학교와 같은 특수 고등학교에 들어가 자격증을 따는 방법이 있어요. 그리고 서울대, 한국항공대, 인하대의 항공기계 관련 학과나, 인하공업전문대 항공기계과를 졸업해 자격증을 따는 방법도 있지요. 그 밖에 사설학원을 통하거나 항공사 직업 훈련소를 통해서도 자격증을 딸 수 있답니다. 자격증을 따고 난 뒤에는 항공사뿐 아니라 방송국이나 신문사 등 언론사, 육·해·공군 군무원, 경찰항공대, 산림청, 주한 미군 등에서 일할 수도 있습니다.

를 잘하면 큰 도움을 받을 수 있어."

조 대리 아저씨가 덧붙였다.

"그런데 여기서 일하는 분들은 죄다 남자들뿐이네요."

주변을 둘러보던 미리내가 물었다.

"현재 정비사 대부분이 남성이지만 항공 정비사[4] 자격증을 소지한 여성도 점점 많아지고 있어. 많은 사람들이 항공사 하면 조종사나 스튜어디스와 같은 승무원을 떠올리지만, 정비 기술직이 전체 직원 가운데 30%를 차지할 정도로 많은 편이야. 규모가 큰 항공사뿐만 아니라, 비행기를 소유한 곳이라면 정비사가 필요하니까 항공 정비사 자격증을 가진 사람이 나갈 수 있는 길은 다양한 편이지. 어떠냐? 미리내도 한번 도전해 보고 싶지 않니?"

박 주임 아저씨가 웃으며 말했다. 그런데 아까부터 하늘이가 또 안 보이기 시작했다. 박 주임 아저씨와 조 대리 아저씨가 깜짝 놀라 하늘이를 찾았다. 그때 격납고 한 편에서 연기가 피어올랐다. 정비사 아저씨들이 손에 들고 있던 정비 기구를 팽개치고 불을 끄기 위해 이리저리 뛰어다녔다. 격납고 안은 금세 아수라장이 되었고, 하늘이는 다른 정비사의 손에 이끌려 캑캑대며 나타났다.

"그 안에서 뭘 한 거니?"

조 대리 아저씨가 얼굴이 하얗게 질려서 물었다.

"난 그냥 엔진이 어떻게 돌아가는지 보고 싶었을 뿐이라고요!"

겨우 불을 끄고 나서도 조 대리 아저씨는 정비사 아저씨들에게 계속 머리를 숙이며 사과했다.

승무원과 조종사가 되기 위한 훈련

조 대리 아저씨는 많이 놀랐는지, 한숨만 내쉬었다. 나는 하늘이 녀석 때문에 걱정만 끼치는 것 같아 미안한 마음이었다. 격납고를 나와 순환 버스를 타고 어딘가로 향했다. 풀이 죽어 있던 조 대리 아저씨가 트레이닝 센터라고 쓰인 건물에 도착하자 다시 활기를 찾은 듯 보였다.

"이번에 가 볼 곳은 '객실 훈련원'이야. 객실 승무원[5]들이 교육을 받는 곳이란다."

승무원이라는 말에 미리내가 눈을 반짝이며 되물었다.

"승무원이라고요?"

"이제야 제대로 된 견학을 할 수 있겠군."

하늘이가 말했다.

"저희도 교육을 받을 수 있나요?"

기대에 차서 내가 물었다.

---

[5] 승무원

승무원은 크게 비행기를 조종하는 '조종실 승무원'과, 기내에서 다양한 서비스를 제공하는 '객실 승무원'으로 나뉩니다. 객실 승무원 중 남자 승무원은 스튜어드, 여자 승무원은 스튜어디스로 부릅니다. 둘 다 승객들이 안전하게 여행할 수 있도록 다양한 서비스를 제공하고, 식음료, 도서, 구급약 등을 관리합니다. 또한 비상 사태가 발생했을 때 응급 처치 등의 조치를 취하게 됩니다.

"받고 싶니?"

조 대리 아저씨가 왠지 은근한 목소리로 물었다.

"예! 물론이죠!"

"좋아! 대신 중간에 포기하기 없기다!"

조 대리 아저씨의 입가에 알 듯 모를 듯한 웃음이 번졌다.

트레이닝 센터에 들어가자 먼저 커다란 수영장이 보였다.

"비행기가 물 위에 떨어졌을 때를 대비해 승무원들은 수영 시험도 본단다. 너희들 수영은 할 줄 알지?"

조 대리 아저씨는 왠지 즐거워 보이기까지 했다.

"자, 이제부터 승무원이 되기 위한 훈련이다! 하하하!"

아저씨의 웃음소리가 길게 메아리쳤다.

우리는 비행 중에 일어날 수 있는 각종 사고에 대처하기 위한 훈련을 받았다. 수영장에서는 구명조끼를 입고 사람들을 대피시키거나, 불을 끄기 위해 소화기를 들고 이리저리 뛰어다녔다. 비행기 문을 여는 방법을 배우고 비상 탈출 훈련도 받았다. 이어서 심폐 소생술과 응급 처치 훈련까지 받고 나자 몸은 완전히 녹초가 되었다. 그때서야 조 대리 아저씨가 얼굴에 환한 웃음을

띠고 나타났다.

"벌써 지친 거니? 이제 시작인데. 승무원이 되려면 인사법, 대화 기법, 예절, 외국어, 기내 방송, 식음료 서비스, 체력 단련, 비행 원리[6] ……."

"그만! 그만요! 못하겠어요! 스튜어디스가 이렇게 힘든 일인 줄 몰랐어요."

미리내가 울상이 되어 말했다.

"물론이야. 스튜어디스는 외적인 조건 말고도 많은 자질이 필요한 직업이란다, 하하하. 하지만, 걱정할 건 없어. 차근차근 배워 나가면 되니까."

'꼬르륵~!'

힘든 훈련이 끝나니 배가 몹시 고팠다. 견학보다는 집에 가고 싶다는 생각이 앞서려고 할 때 조 대리 아저씨가 새로운 제안을 했다.

"자, 이제 비행기를 조종하러 가 볼까?"

비행기 조종이라니! 그 소리에 집에 가고 싶은 생각이 싹 사라졌다.

"비행기를 조종한다고요?"

> **6 승무원을 위한 교육**
>
> 국내 항공사의 승무원 교육 기간은 10~12주 정도입니다. 주로 인사법, 영어 회화, 일어 회화, 기내 방송, 안전 교육, 식음료 서비스, 인공호흡, 응급 처치법, 비상 탈출, 면세품 판매 및 재고 관리 등의 교육을 받아요. 교육 뒤에는 영어, 일어, 항공 종합 상식 시험을 봅니다. 그런 다음 일정 기간 국내선 근무를 마치면 국제선 전환 교육을 받습니다. 국제선 전환 교육까지 모두 마치면 국내선과 국제선 비행을 모두 할 수 있게 됩니다.

스튜어디스는 단지 예뻐서 되는 것은 아니었던 거야.

우웩!

"좋아할 거 없어, 진짜 비행기를 조종할 리가 없잖아! 시뮬레이션(실제와 비슷하게 만든 모형) 기계일 뿐이겠지."

하늘이가 핀잔을 줬다.

"그래. 하지만 실제 비행하는 느낌을 받을 수 있으니 너무 실망은 마."

시뮬레이션 기계는 실제 비행기 조종석과 똑같이 만들어져 있었다.

"여기는 조종사들이 교육을 받는 곳이야. 먼저 8개월 정도 실제 비행기로 교육을 받아. 그 이후에는 이런 시뮬레이션 기계를 이용해 꾸준히 교육받기 때문에 승객들이 마음 놓고 편안한 여행을 할 수 있는 거란다."

조 대리 아저씨의 설명을 듣고 난 뒤, 한 명씩 시뮬레이션 기계에 탈 수 있었다. 내가 먼저 올랐다. 옆에 앉은 조종사 아저씨가 조종 방법을 자세하게 알려 주었다. 이윽고 조종석 창에 활주로가 펼쳐졌다. 나는 침을 삼키며 배운 대로 레버에 힘을 주었다. 비행기가 조금씩 속도를 내더니 미끄러지듯 활주로를 달려 나갔다.

"지금이다!"

조종사 아저씨의 말에 나는 레버를 힘차게 당겼다. 그러자 몸이 기울어지며 비행기가 하늘을 향해 날아올랐다. 너무 황홀했다. 조종사 아저씨가 가르

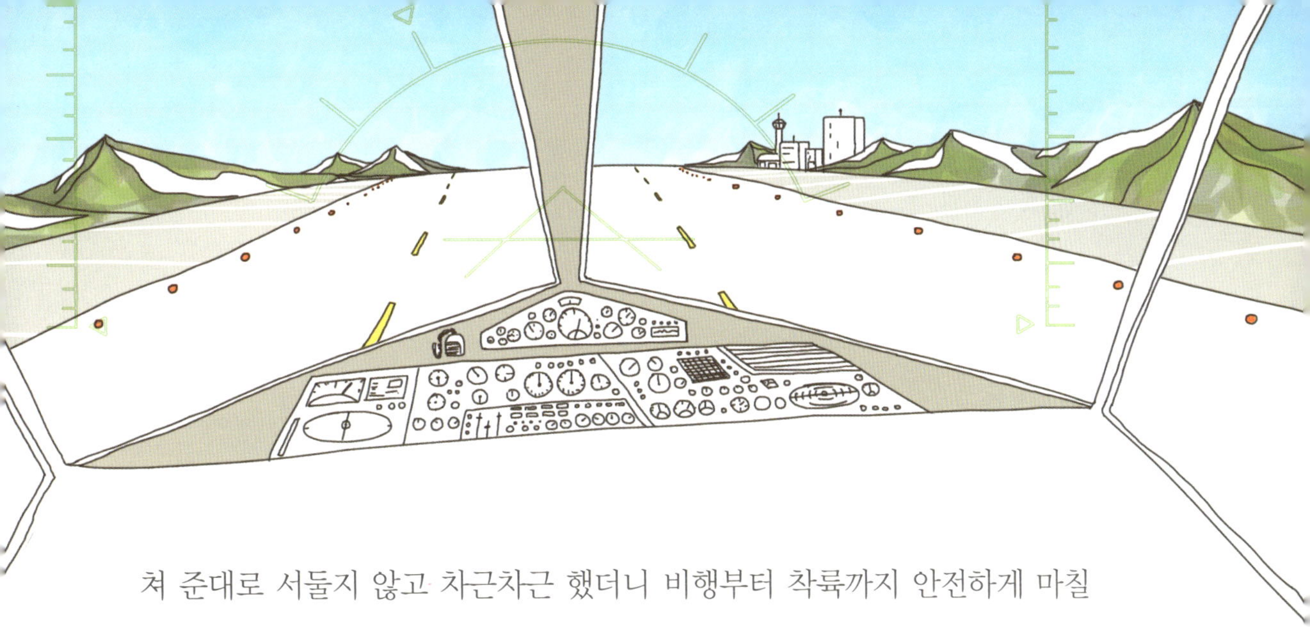

쳐 준대로 서둘지 않고 차근차근 했더니 비행부터 착륙까지 안전하게 마칠 수 있었다.

'하늘이는 별 탈 없이 잘 탔나?' 생각하고 있는데 아니나 다를까, 거드름을 피우며 타다가 시뮬레이션 기계에서 요란한 소리가 나기도 했다고 한다.

"잘했어, 우주야. 자, 그럼 이제 실제 비행기를 타고 승무원 체험을 해 볼까?"

실제 비행기를 탄다고? 갑자기 내 가슴이 쿵쿵 뛰기 시작했다.

궁금타파

비행기의 안전한 이착륙은 우리 손에, '운항 관리사'와 '항공 교통 관제사'

비행기가 안전하게 뜨고 내리는 데 가장 중요한 직업 하면 조종사를 먼저 떠올리겠지요? 하지만 그에 못지않게 꼭 필요하고 중요한 직업들이 있습니다. 바로 '항공 교통 관제사'나 '운항 관리사'입니다.

항공사의 핵심이라고 할 수 있는 곳이 '종합 통제 센터'입니다. 이곳은 까다로운 신원 조회를 거쳐 들어갈 만큼 철저하게 보안을 유지하는 곳이지요. 이곳에서 일하는 대표적인 직업이 바로 '운항 관리사'입니다.

종합 통제 센터에 들어서면 먼저 수많은 모니터가 눈에 들어옵니다. 모니터를 통해 기상과 비행에 관한 실시간 정보를 한눈에 볼 수 있습니다. 모니터에 표시된 기상 정보는 10여 개 분야 전문가들이 팀을 이뤄 24시간 감시합니다. 비행기 운항에 있어 기상 조건은 무엇보다 중요하기 때문입니다. 기상 조건 뿐 아니라 현재 비행 중인 비행기의 위치, 운항 상태도 모두 표시됩니다. 잠시도 한눈을 팔거나 마음을 놓을 수 없지요. 운항 관리사는 이곳에서 비

행 계획을 작성하고 변경하는 일, 비행기의 연료량을 산출하거나 운항을 통제하고 감시하는 일을 합니다. 운항 관리사는 항공 관련 전공자 뿐 아니라 기상 관련 전공자에게도 매력이 있는 직업입니다.

많은 사람들이 운항 관리사와 항공 교통 관제사를 같은 직업으로 착각하기도 하는데 운항 관리사가 비행 계획을 작성하는 일을 한다면 관제사는 비행기끼리의 충돌이나 비행기와 다른 장애물과의 충돌을 막는 일을 최우선으로 합니다. 운항 관리사가 항공사 직원이라면 관제사는 국토해양부나 지방 항공청에 소속된 공무원입니다. 그럼 관제사들은 주로 어디에서 일할까요?

인천국제공항에 가면 우뚝 솟아 있는 관제탑을 볼 수 있어요. 관제사는 이곳에서 일하는 대표적인 직업입니다. 항공 교통 정리에 차질이 생기면 큰 사고로 이어질 수 있기에 관제사의 업무 또한 긴장의 연속입니다. 이들은 비행기가 공항에 제대로 뜨고 내릴 수 있도록 안내하고, 비행기 운항 속도, 높이, 방향 등을 알려 주는 일을 하기 때문에 조종사와의 교신이 무엇보다 중요합니다. 모든 교신은 영어로 이뤄지기에 영어 실력 또한 갖춰야 할 자질 중 하나입니다. 또한 끊임없이 정보를 받아 분석하고 전달하는 일이기에 기억력, 판단력, 집중력이 필요한 직업입니다. 어려운 상황에서도 침착함을 유지하는 차분한 성격이라면 더없이 어울리는 직업이라고 할 수 있습니다.

궁금타파

안전한 비행을 책임집니다, 비행기 조종사

　조종사는 비행기를 직접 조종하는 사람을 말합니다. '파일럿'이라고도 하지요. 모든 비행기, 다시 말해 항공기, 전투기, 경비행기, 헬리콥터 등을 조종하는 사람을 가리키는 말입니다. 조종사는 운항하는 비행기 종류에 따라 운송용 조종사, 사업용 조종사, 자가용 조종사로 나뉩니다. 어느 경우에든 비행기를 안전하게 운항해야 하는 임무를 가지고 있기에 투철한 사명감과 책임감이 필요합니다.
　조종사는 먼저 비행 계획표에 따라 비행기 길인 항로, 목적지, 연료의 양, 기상 조건 등을 미리 알아 놓는 일부터 비행기 상태를 미리미리 살피고 조종실 시스템이 잘 작동하는지 점검하는 일을 합니다. 특수한 상황에서 탐색과 구조를 하기도 하고, 농약이나 소독약을 뿌리거나 산불이 났을 때 진화하는 작업에 투입되기도 합니다.

조종사가 되기 위해서는 투철한 사명감과 책임감만큼 중요한 것이 건강한 체력입니다. 각 항공사에서 조종사를 뽑을 때 내거는 조건에 따르면 키는 165cm 이상, 안경이나 렌즈를 끼지 않은 시력이 0.7 이상이 되어야 하는 등 신체적으로 갖추어야 할 조건들이 있습니다.

항공사의 조종사가 되기 위해서는 첫 번째, 한국항공대학교나 한서대학교의 항공운항과에 입학하여 조종사를 위한 정규 교육을 받는 방법이 있습니다.

두 번째는 공군사관학교에 입학하여 조종사 교육을 받는 방법이 있습니다. 그런데 공군사관학교는 졸업한 뒤에 반드시 군인으로 일해야 하는 의무 복무 기간이 있습니다. 군에서 쌓은 조종사 경력이 일정 정도 되어야 일반 항공사에 들어갈 수 있습니다. 마지막으로는 항공사에 훈련생으로 들어가는 방법도 있습니다.

조종사는 안전한 비행을 책임지고 있는 만큼 비행 중 생기는 위급 상황에 대해 적절하게 판단하고 해결할 수 있어야 합니다. 수학과 과학을 잘하면 이 분야에 꼭 필요한 항공 공학 지식을 익히는 데 도움이 됩니다. 또한 국제 비행에서 필수라 할 수 있는 외국어 소통 능력 또한 꼭 갖추어야 할 자질 중 하나입니다.

현재 우리나라 조종사의 성비는 남자가 90% 이상 될 만큼 여성 조종사가 드문 것이 현실입니다. 하지만 세계적으로도 여성 조종사가 늘고 있고 우리나라에도 여성 조종사들이 늘고 있어 금남의 벽이 조금씩 허물어지고 있습니다.

다짜고짜 인터뷰

비행기 조종사

대한항공 **박병열** 기장

Q1 아른아른 어린 시절 꿈은?

어렸을 땐 조종사와는 관계없는 꿈을 꾸었어요. 지리산 산골 마을에서 자라 비행기는커녕 기차나 버스도 거의 못 보고 살았거든요. 이따금 요란한 소리를 내며 머리 위로 날아가는 전투기를 보았을 뿐이에요. 다만 〈스파이더맨〉이나 〈원더우먼〉, 〈600만 불의 사나이〉보다는 하늘을 날 수 있는 〈슈퍼맨〉이나 〈버드맨〉 —아는지 모르겠지만— 을 더 좋아했던 것 같아요.

Q2 될 성 부른 나무 떡잎부터 알아본다?

여느 남자아이들처럼 장난감을 좋아했고, 특히 조립식 프라모델 만들기를 좋아했어요. 그것들을 만들고 움직이며 상상하는 것을 좋아했고, 가끔은 나무를 타고 올라가 하루 종일 놀기도 했어요. 이렇게 놀면서 비행기도 만들었고, 비행기가 잘 날기 위해서는 어떻게 만들어야 할까 혼자 연구도 많이 했지요.

Q3 그래, 결심했어! 조종사가 될 거야!

대학을 졸업할 때까지 조종사란 직업에 대해 별로 생각하지 않았어요. 이 일을 하게 된 건 우연한 계기 때문이었어요. 먼저 졸업해서 항공사(대한항공) 사무직으로 일하던 선배가 저에게 조종사 일을 권했어요. 마침 회사에서 조종사 훈련생을 모집한다는 거예요. "병열아, 너는 몸도 건강하고 시력도 좋잖아. 조종사 한번 해 봐라. 멋있잖아."라면서요. 사실 저는 책상에 얌전히 앉아 있는 일을 잘 못해요. 게다가 일반 회사에 들어가면 정해진 틀에서 실적으로 경쟁도 해야 하잖아요. 그런 저에게 조종사란 직업이 참 매력적으로 느껴졌어요.

Q4 조종사라서 이런 점은 '너무' 좋아!

뭐니 뭐니 해도 여러 나라를 다닐 수 있고, 다양한 경험을 할 수 있다는 점이 가장 좋아요. 하지만 저에게 직업으로서 조종사가 가장 좋은 이유는 '경쟁하지 않는다'는 점입니다. 조종사의 가장 큰 목표이자 보람은 안전 운항, 즉 안전하게 비행기를 모는 것이지요. 비행기를 더 빨리 도착하게 하거나, 날씨가 나쁜데 무리하게 착륙을 시도하는 등의 경쟁은 있을 수 없지요. 물론 조종사도 시험을 보는 등 평가를 받지만 그것을 놓고 다른 조종사와 비교할 필요는 없거든요. 자신이 비행기를 모는 데 필요한 지식과 능력을 갖추었는지가 중요한 거예요. 등수를 매기는 것이 아니라 어떤 점수를 기준으로 합격과 불합격이 있을 뿐이지요. 그래서 시험을 앞두고는 동료들끼리 서로 모르는 것을 가르쳐 준답니다. 조종사 승진도 회사에 들어온 순서, 비행 시간이 많은 사람…… 이런 기준이 있거든요. 저는 이런 것이 좋아요. 조종사로서 행복했던 순간은, 2010년 부기장에서 기장으로 승격되었을 때예요. 13년 만에 하는, 처음이자 마지막 승진이니까요. (조종사는 부기장, 기장 두 단계밖에 없답니다.)

않은 날에는 비행하기가 괴롭습니다. 승객을 목적지까지 안전하게 모셔야 하는데 날씨가 나쁘면 비행기가 많이 흔들려 활주로에 내리고 뜨기가 몹시 힘들거든요. 최근에 제주도 날씨가 너무 안 좋아서 -바람이 시속 60킬로미터 이상 옆으로 불었거든요- 제주 공항에 착륙을 못하고 서울로 되돌아간 적도 있어요. 먼 거리를 비행할 때는 열 시간이 넘게 운전을 해야 하므로 정말 지치고 피곤하답니다.

Q5 조종사라서 '요건 쬐끔' 괴로워!

비행기 모는 것을 좋아하지만 직업이므로 자기가 원할 때 하늘을 날아다니는 것은 아니에요. 그래서 힘들 때가 많아요. 다른 사람들이 가족과 함께 시간을 보내는 연휴나 휴가철에는 오히려 바쁜 점도 그렇고요. 날씨가 좋지

Q6 조종사는 남자들이 대부분인가요?

물론 여자도 조종사가 될 수 있습니다. 우리 회사에도 여자 조종사가 있고 이분들도 10년 이상 비행하여 기장이 되었지요. 요즘은 외국 항공사뿐 아니라 우리나라 항공사에도 여자 기장, 부기장을 쉽게 만날 수 있답니다.

Q7 비행이 없을 땐 뭘 하면서 시간을 보내나요?

비행이 없을 땐 쉬는 날도 있고, 교육을 받는 날도 있습니다. 조종사는 여러 승객을 안전하게 모시는 중요한 일이므로, 법으로 정해진 교육을 6개월이나 1년에 한 번 정기적으로 받아요. 그리고 온전히 쉬는 날에는 가족과 시간을 보내지요. 운동이나 취미 생활도 하고, 못 만났던 친구들도 봅니다.

Q8 그동안 가 본 나라 중 가장 마음에 든 나라는 어디인가요?

이탈리아입니다. 로마에 갔는데, 로마는 곳곳이 유적지입니다. 그 옛날 로마 시대를 다룬 영화를 보는 것 같았지요. 그리고 날씨도 좋아서 유적지와 풍경을 보며 돌아다니기 좋습니다. 사람들도 친절하고 음식도 맛있었어요.

Q9 조종사가 되고 싶다면, 나처럼 해 봐~!

첫째, 몸을 건강하게 가꾸세요.

조종사들은 1년에 한 번 정기적인 신체 검사를 받아요. 조종사가 조종실에서 갑작스럽게 심장 발작을 일으키거나 의식을 잃으면 안 되기 때문에 조종사의 건강과 컨디션은 안전 운항에 아주 중요합니다. 그만큼 조종사들은 신체 검사에 스트레스를 많이 받는답니다. 신체 검사 결과에 따라 비행기 조종을 할 수 없는 경우도 있으니까요. 그리고, 처음 조종사가 될 때에는 특히나 눈(시력)이 좋아야 해요.

둘째, 다양한 공부를 하세요.

한쪽으로 치우친 공부보다는 여러 방면의 지식이 풍부하면 좋답니다. 예를 들면 조종사는 비행기라는 기계를 다루므로 과학적인 원리도 쉽게 이해하고 배울 수 있어야 해요. 또 지구 곳곳을 여행하므로 지리라든가 역사, 문화적인 배경도 알고 있으면 그 나라를 훨씬 더 잘 알

고 이해할 수 있겠지요.

그리고 하나 더! 외국어, 특히 영어를 잘해야 해요. 조종사는 여러 나라를 날아다녀야 하는데, 운항 중에는 땅에 있는 관제탑과 통신을 주고받지요. 관제탑의 관제사는 비행기 조종에 필요한 정보도 주고, 하늘의 비행기들끼리 부딪히지 않게 간격과 높이 등을 조정하는 사람이에요. 전 세계 여러 나라 관제사들과 대화를 하려면 세계 공용어인 영어를 잘해야겠지요?

조종사를 꿈꾸는 친구들은 위의 세 가지를 준비하면서, 조종사가 된 내 모습을 꿈꿔 보세요. 그 꿈에 조금씩 가까워질 수 있을 거예요.

Q10 조종사가 되고 싶은 어린이들에게 꼭 해 주고 싶은 말!

비행기를 조종하는 것은 분명히 멋있고 재미있는 일이에요. 땅에서 달리는 자동차보다 훨씬 빠르고 3차원으로 움직이는 데다 가끔은 스릴(?)도 느낄 수 있고요. 하지만 직업으로 비행기를 모는 것은 또 다른 문제입니다. 예를 들어 취미로 하는 경비행기를 운전할 수도 있어요. 어느 정도의 시간과 돈, 그리고 열정만 있으면 누구나 할 수 있지요. 하지만 항공사의 조종사가 되는 것은 훨씬 더 많은 노력과 시간이 듭니다. 승객들의 안전을 보장한다는 아주 큰 책임도 따르고요. 비행기에 관심이 많고 비행기 조종을 해 보고 싶은 친구라면 자기에게 어떤 방식이 맞을지 잘 생각한 다음 도전해 보세요.

승무원이 됐어요!

우리는 조 대리 아저씨가 나눠 준 옷으로 갈아입고 다시 모였다. 나는 멋진 조종사복을 입었다. 명찰에는 내 이름도 새겨져 있었다. 미리내도 뛸 듯이 기뻐했다.

"봐! 스튜어디스 복장이야. 너무 근사하지?"

하늘이만 입술이 나온 채였다.

"왜 나한테는 조종사복을 안 주냐고요!"

"훈련 성과에 따라 나눈 거야. 비행 시뮬레이션 때 일을 잊은 건 아니겠지?"

조 대리 아저씨가 말했다.

"쳇! 그래도 이건 불공평하잖아요!"

하늘이가 툴툴댔다. 나는 하늘이의 복장을 유심히 봤다. 흰색 와이셔츠와 하늘색 줄무늬 넥타이가 깔끔하고 멋스러웠다.

"이건 무슨 복장이에요?"

"바보야, 이건 스튜어드 복장이라고!"

내가 물어보자, 하늘이는 한심하다는 듯이 대꾸했다.

"하늘이 말대로 남자 객실 승무원을 스튜어드라고 해. 스튜어드는 스튜어디스와 마찬가지로 비행기 운항에 필요한 준비를 하고, 기내 서비스를 담당해. 그리고 스튜어디스와 달리 안전과 보안 업무도 해야 한단다."

조 대리 아저씨가 설명해 주었다.

"난 그래도 조종사가 더 좋단 말이에요."

하늘이가 떼를 쓰자, 아저씨가 안타깝다는 듯 말했다.

"이거 실망인데? 객실 승무원이야말로 항공사의 대표 얼굴인데 말이야. 민간 외교관이라 부를 만큼 중요한 직책을 다른 사람도 아닌 전무님의 아들이 별로라고 생각하다니, 내가 하늘이를 잘못 봤구나."

그제야 하늘이는 겸연쩍은 표정으로 말했다.

"뭐…… 싫다는 얘기는 아니고요. 얘들아 들었지? 이 몸은 이제, 민간 외

> [!NOTE]
> **7 객실 브리핑**
> 비행기 출발 약 2시간 전에 모든 승무원이 참석하는 회의입니다. 이 시간에는 업무와 관련된 공지 사항과 비행에 대한 각종 정보가 보고됩니다. 객실 브리핑 직후 기장과 객실 승무원이 모두 참석하는 운항 브리핑이 이어져요. 운항 브리핑 때에 기장은 비행과 관련된 정보를 객실 승무원에게 설명합니다.

> [!NOTE]
> **8 사무장**
> 객실 승무원은 일반적으로 대형기나 국제선인 경우 여승무원(스튜어디스) 10~13명, 남승무원(스튜어드) 3명이 한 조가 되어 탑승해요. 이들의 직급은 사무장, 남녀 보조 사무장, 선임 승무원, 승무원 등으로 정해져 있고, 그중 사무장이 전체를 총괄해요.

교관이시다."

"각자 역할도 정해졌으니, 객실 브리핑[7]에 참석해 볼까?"

"객실 브리핑이요?"

우리는 아저씨를 따라 브리핑실로 향했다. 브리핑실에는 약 10여 명의 승무원들이 모여 있었다. 그중 사무장[8]이라는 누나가 이야기를 시작했다.

"이번 노선은 오후 5시 20분에 출발하는 사이판행 노선이에요. 비행 시간은 4시간 2분입니다. 승객은 비즈니스 4명, 이코노미 112명이에요. 노약자와 술 드신 분이 있는지 체크하세요. 그리고 이번 운항에는 특별히 조종사와 승무원 체험을 할 어린이 3명이 탑승할 거예요. 많이 도와주세요."

"우리 잘해 보자! 멋진 조종사님!"

내 옆의 예쁜 스튜어디스 누나가 어깨를 툭 치며 말했다. 나도 모르게 얼굴이 빨개졌다.

"휴…… 사이판이라니! 이럴 줄 알았으면 수영복이라도 챙겨 오는 건데 말이야……."

미리내가 안타까운 듯 한숨을 내뱉으며 말했다.

"더 궁금한 거 있나요? 없으면 여기서 회의를 마치겠어요."

사무장님이 회의를 끝냈다. 나는 질문을 할까 말까 고민하고 있었다.

"우리 꼬마 조종사님! 뭐 궁금한 거라도 있나요?"

사무장님이 눈치를 챈 듯 말을 붙였다. 나는 우물쭈물하다 용기를 냈다.

"저…… 왜 스튜어디스 누나들은 다 젊고 예쁜 거죠? 아주머니나 할머니 스튜어디스는 없나요?"

여기저기서 킥킥대는 웃음소리가 들렸다. 나는 금세 얼굴이 붉게 달아올랐다.

"좋은 질문이에요. 정년 퇴임이 55세이니 그때까지 하는 분들도 있지. 하지만 객실 승무원의 근무 연수는 비교적 짧은 편이란다."

사무장님이 대답했다.

"전 오래오래 일하고 싶은데요."

미리내가 실망한 듯 말했다.

"물론 가능해. 나중에 미리내가 최고령 스튜어디스가 되는 것도 멋진 일이겠는걸. 이 일을 하다 그만둔 사람들도 경력을 살려 외국 기업체, 대사관, 호

텔, 여행사 같은 곳에서 일하는 분들도 아주 많이 있단다."

그제야 미리내의 얼굴이 밝아졌다. 그렇게 브리핑이 끝나고 우리는 공항으로 이동했다.

왁자지껄 비행기 속으로

조 대리 아저씨의 설명을 들으며 공항을 둘러보고 있을 때, 지나가던 할머니 한 분이 다른 손님의 카트와 부딪혔다. 할머니가 넘어지면서 들고 있던 보따리가 떨어졌는데 거기에서 나온 각종 물건들이 바닥에 나뒹굴었다.

"이걸 어쩌나!"

할머니가 급하게 물건을 주워 담으려 했지만, 이미 김치 봉지는 터져서 바닥에 시뻘건 국물이 번져 가고 있었다. 나는 서둘러 바닥을 굴러가는 물건들을 주워서 할머니의 보따리에 넣어 드렸다.

"하이고! 고맙구먼. 외국에 사는 우리 손자 줄 거인디……."

곧이어 안내 요원들이 와서 할머니의 출국 절차부터 차근차근 도와주었다. 김치는 기내 반입은 안 되는 품목이라 잘 포장해 화물로 부쳐 드렸다. 그리고 우리도 탑승하기 위해 출국 게이트에 섰다.

"정말 긴 하루였구나! 내가 도와줄 수 있는 건 여기까지란다. 나머지는 여기 있는 사무장님이 도와주실 거야."

조 대리 아저씨는 헤어지는 게 섭섭했던지, 눈물을 글썽거렸다.

우리는 출국 게이트로 들어가며 아저씨에게 손을 흔들어 주었다. 나는 멋진 조종사 두 분과 함께 조종실로 들어갔다. 하늘이도 나를 따라 조종실로 들어가려다 사무장님에게 붙잡혔다.

"하늘이는 조종실이 아니라 저쪽으로 가야지!"

사무장님이 하늘이에게 목장갑을 건네주며 말했다.

"저쪽이 어딘데요?"

"어디긴! 갤리지. 가서 기내식하고 음료수 박스 옮기는 걸 도와주렴."

"두고 봐! 아빠한테 다 이를 거야!"

하늘이가 툴툴대며 갤리 쪽으로 갔다. 승객이 탑승하기 전까지 비행에 필요한 준비 작업이 이루어졌다. 객실 승무원들은 각자 맡은 구역에 대한 비상 장비와 객실 안의 이상 유무를 확인했다. 그리고 서비스에 필요한 각종 물품도 확인했다. 객실 승무원이 비행 준비를 하는 동안, 나는 조종실에서 기장님과 이야기를 나눌 수 있었다.

"태어나서 처음 타 보는 비행긴데 이렇게 멋진 기장님들과 함께해 영광입니다."

9 **갤리**
배나 비행기의 주방을 말합니다. 비행기 내에서 기내식이나 식음료 등을 보관하는 장소로 간단한 음식을 조리할 수도 있습니다.

> **10 항공 기관사, 항법사**
>
> 항공 기관사는 조종사와 함께 탑승해 비행기가 잘 작동하는지 살피는 일을 합니다. 항법사는 별과 나침반, 지도, 컴퍼스 등을 이용해 항공 상의 자료를 계산하는 일을 합니다. 허나 최근에는 항법 장치가 발달하고, 비행기들이 전자화되면서 항공 기관사나 항법사를 필요로 하는 곳이 줄어들고 있습니다.

"우리도 멋진 어린이 기장과 탑승하게 되어 영광이야."

나는 영광을 누리는 김에 비행기에 대해서 궁금한 것들을 쏟아 내었다.

"조종실에는 항상 기장님과 부기장님 두 분만 타나요?"

"본래 조종실 승무원 하면 기장, 부기장, 항공 기관사, 항법사[10] 등으로 구성되어 있었어. 비행기 규모에 따라 조금씩 달라지는데, 예를 들어 보잉 747기와 같은 기종은 3명의 조종실 승무원이 탑승한단다. 이 비행기는 최신형 모델이라 항공 기관사나 항법사가 따로 필요하진 않아. 그래서 기장과 부기장 두 명만 탑승하지."

기장님이 조종 장치를 확인하며 설명해 주었다.

"어떻게 하면 조종사가 될 수 있나요?"

"음, 무엇보다 꿈을 꾸는 게 먼저일 것 같구나. 하늘을 날고 싶은 큰 꿈이 있다면 누구나 가능하다고 생각해. 항공의 역사는 인간의 날고 싶은 꿈을 위해 노력해 온 역사라고 해도 과언이 아니니까 말이다."

기장님의 멋진 대답을 들으니 가슴이 콩닥콩닥 설레었다.

출발 30분 전이 되자 승객들이 오르기 시작했다. 스튜어디스와 스튜어드들이 자리를 찾고 짐을 옮기는 승객들을 도왔다. 아까 공항에서 본 보따리 할머니도 비행기에 올랐다. 미리내가 할머니께 다가가 제법 능숙하게 자리를 찾아 주었다. 승객들이 모두 타자, 스튜어디스 누나 한 명이 비상시 대처 요령을 설명한 뒤, 손님들의 안전벨트를 확인했다. 그리고 비행기 선반에서 떨어질 수 있는 물건까지 안전하게 정리한 뒤, 승무원들도 승무원용 좌석에 앉았다. 관제탑[11]에서 이륙해도 좋다는 허가가 떨어지자, 비행기가 멋지게 활주로를 달려 나갔다. 내가 직접 조종을 하진 않았지만, 긴장이 돼서 침이 꼴깍 넘어갔다. 드디어 비행기가 활주로를 벗어나 하늘로 날아올랐다. 눈 아래 집들이 점점 작아지더니 야구공만 해졌다. 구름이 발치 아래로 보였다. 정말 멋진 광경이었다. 비행기가 정상 고도를 찾자, 그제야 목이 마르다는 생각이 들었다.

"가서 물이라도 마시고 오렴."

기장님이 내 마음을 읽었나 보다.

---

11 관제탑
비행장에서 안전을 위해 비행기의 비행을 지시하거나, 비행장 안의 정리 등의 업무를 처리하는 곳입니다. 인천국제공항에는 지상 22층으로 된 100m 높이의 관제탑이 설치되어 있습니다.

물을 마시기 위해 갤리로 가 보니 전쟁터가 따로 없었다. 모든 승무원이 음료수와 기내식을 들고 분주하게 움직였다. 하늘이는 여전히 툴툴대고 있었고, 미리내는 신이 나서 객실과 갤리를 오갔다. 미리내가 객실을 지나갈 때 머리가 노란 외국인 아저씨가 물었다.

"I have a headache could you give me some aspirin please?"

(머리가 아픈데, 아스피린을 좀 가져다주겠어요?)

미리내는 어쩔 줄 몰라 하며 외국인에게 웃음만 지었다. 아저씨가 손으로 머리를 짚으며 다시 물었다.

"Any pills, you have?"

(약 없나요?)

그제야 미리내의 얼굴이 밝아졌다.

"Oh~! wait! wait!"

(아, 잠깐만 기다리세요!)

미리내는 재빨리 갤리로 가서 베개를 꺼내 아저씨에게 가져다주었다.

"God, not a pillow, but a pill, PILL!"

(맙소사! 베개가 아니라, 약을 달라고요! 약이요!)

미리내는 더욱 당황하더니 금세 울상이 되었다. 그때 지나가던 스튜어디스 누나가 외국인 아저씨에게 물었다.

"May I help you?"

(무엇을 도와 드릴까요?)

"Could you give me some medicine because of a headache?"

(두통 때문에 그런데 약을 좀 가져다주세요.)

"Sure. I will bring it to you. Right now."

(네, 바로 가져다 드리겠습니다.)

스튜어디스 누나는 능숙한 영어로 상황을 마무리하고 바로 약을 가져다주었다. 울상이 돼서 갤리로 돌아온 미리내에게 사무장님이 말했다.

"승무원에게 외국어[12]는 필수라고 할 수 있어. 하지만, 너무 걱정하지는 마. 미리내는 지금부터 공부해도 충분하니까. 실은 나도 처음에는 외국인만 봐도 벌벌 떨었단다."

"하늘에 떠 있으니 어디 도망갈 데도 없고 미치겠네!"

하늘이는 목장갑을 끼고 오븐에서 달궈진 기내식을 꺼내며 말했다.

"너무 힘들어요!"

하늘이가 투덜거릴 때마다 사무장님은 '위스키~!'를 외치며 손으로 입 꼬리를 올리는 시늉을 해 보였다. 스튜어디스들은 이렇게 미소 연습을 한다면서 말이다.

드디어 목적지인 사이판에 도착했다. 겨우 네 시간이 지났을 뿐인데, 나흘은 지난 것 같았다. 야자수 그늘에서 일광욕도 하고, 에메랄드 빛 바다에 뛰어들어 헤엄도 쳤으면 좋았겠지만……

우리는 사이판의 호텔에 도착하자마자 각자 침대에 쓰러져서 잠들어 버렸다. 다시 비행기에 타기까지 줄곧!

영광스럽게(?) 임무를 마친 우리들이 다시 인천 공항에 들어서자, 조 대리 아저씨가 마중 나와 있었다.

---

12 승무원이 되려면?

승무원에게 외국어는 필수랍니다. 영어는 물론 일본어나 중국어도 어느 정도는 할 수 있어야 해요. 또한 승무원이 비행기 안에서 일할 때에는 지상에서 일할 때보다 3배 정도의 체력이 필요해요. 시차에도 적응해야 해서 건강이 무엇보다 중요하죠. 이 외에 투철한 서비스 정신과 직업 의식, 비상 사태에 대한 침착한 대처 능력, 교양 등이 중요해요.

어찌나 반갑던지 달려가 얼싸안았다.

"반갑구나. 항공 꿈나무들. 전무님이 벌써부터 기다리고 계시단다."

조 대리 아저씨의 말에 하늘이가 반색했다.

"아빠가요?"

조 대리 아저씨를 따라 사무실에 들어섰다. 깔끔하게 정장을 차려입은 아저씨 한 명이 우리를 기다리고 있었다.

"다들 좋은 경험이 되었나요?"

"네!"

우리는 누가 먼저랄 것 없이 목청을 높였다.

"아마 많은 것을 느끼고 배웠을 거예요. 항공사에서 일하려면 참신하고 진취적인 아이디어를 가지는 것이 중요해요. 국제 감각도 필요하고 능숙한 외국어 능력까지 갖춘다면 더없이 좋겠죠. 무엇보다 중요한 건……."

전무님은 나를 바라보며 말을 이었다.

"손님을 진심으로 대하는 따뜻한 마음이에요."

하늘이는 그런 것쯤은 상관없다는 듯이, 하소연을 늘어놓았다.

"아빠! 제 말 좀 들어 보세요. 글쎄……, 절 얼마나 부려 먹었는지 아세요? 제가 화장실 청소까지 해야 했다고요! 뜨거운 기내식을 꺼내다가 손도 데었어요. 그뿐 아니에요……."

"강하늘. 네가 한 짓은 이미 다 들었어! 다음 방학 때는 해외여행이 아니라, 항공사에서 봉사 활동을 시킬 테니 그리 알아라!"

전무님이 엄하게 말하자, 하늘이는 금세 울상이 되어 버렸다.

집으로 돌아온 지금, 나는 사진 한 장을 바라보고 있다. 사진 안에는 보따리 할머니가 푸른 바다를 배경으로 손자들과 환한 미소를 짓고 있는 모습이 담겨 있다. 누군가 항공과 관련된 직업에 대해 내게 묻는다면 이렇게 대답하고 싶다.

'비행기를 통해 세계 곳곳으로 행복을 퍼트리는 직업!'이라고 말이다.

궁금타파

공항에는 어떤 직업들이 있을까?

비행기가 뜨고 내리는 곳, 사람들이 비행기에 타기 위해 가야 하는 곳이 바로 공항입니다. 이곳에는 비행기에 타거나, 화물을 옮기는 데 도움을 주는 여러 직업들이 있습니다. 공항 곳곳을 둘러보면서 어떤 사람들이 무슨 일을 하는지 살펴봅시다.

1. 체크-인 카운터 (Check-in counter) 담당

이곳에서 일하는 사람들은 여행객들이 구입한 항공권을 탑승권(Boarding Pass)으로 교환하는 일을 합니다. 더불어 여행 목적지로 짐을 부치거나, 여행과 관련해 요청하는 여러 서비스에 대해 지원하는 일도 합니다.

2. 라운지 (Lounge) 담당

항공사는 승객을 위하여 공항에 편의 시설이 마련된 휴게실을 운영합니다. 이를 '라운지'라고 하는데, 라운지 담당 직원은 그곳에서 음료, 스낵

등을 준비하거나 출발 시각 확인 후 승객에게 탑승을 안내하고, 승객의 용무를 지원하는 일 등을 합니다.

3. 탑승 게이트 (Gate) 담당

탑승 게이트는 승객의 탑승권(Boarding Pass)을 확인하고 원활한 탑승을 위한 서비스를 제공하는 곳이에요. 탑승 게이트 담당은 탑승 방송을 하거나 탑승권 확인, 항공기가 제시간에 출발할 수 있도록 관계 기관이나 기내 승무원과의 협조를 구하는 일을 합니다.

4. 승무원 (Crew Coordinator) 담당

승무원 담당은 승무원의 일정을 조정하는 일과 승무원들이 기내에서 원활한 서비스를 제공할 수 있도록 지상에서 필요한 일들을 처리합니다.

5. 수하물 (Lost and Found) 담당

수하물 담당은 수화물이 늦게 도착하거나, 분실, 도난, 파손 등의 문제가 생겼을 때 적절하고, 신속하게 해결하는 일을 합니다. 또한 승객들이 원활하게 입국할 수 있도록 세관(Custom) 직원과의 협조를 구하는 일을 합니다.

6. 카고 (Cargo) 담당

카고 담당은 화물을 더욱 빠르고 안전하게 수송하기 위해 필요한 서비스를 제공하는 일을 합니다. 위험물, 동물, 부패성 화물 등 특수 화물에 대한 서비스와, 화물 운송에 있어 문제가 생겼을 때 이를 해결하는 일을 합니다.

다짜고짜 인터뷰

스튜어디스

아시아나항공 **정진희** 승무원

Q1 아른아른 어린 시절 꿈은?

어릴 적 꿈은 참 자주 바뀌었어요. 신비한 우주의 모습을 담은 다큐멘터리에 감동해 천문학자가 되고 싶기도 했고, 베토벤의 피아노곡에 빠져 있을 때는 피아니스트가 되고 싶기도 했어요. 〈사운드 오브 뮤직〉을 보고 나서는 뮤지컬 배우가 되고도 싶었죠. 하고 싶고, 되고 싶은 게 많았던 꿈 많은 어린 시절이었답니다.

Q2 될 성 부른 나무 떡잎부터 알아본다?

해외에 사는 오빠가 있었어요. 나도 커서 오빠처럼 살면 멋있겠다고 생각했지요. 당시 해외 친구들과 편지를 주고받는 펜팔이 유행했는데, 어른이 되어 전 세계를 돌며 그 친구들을 만나는 상상을 하고는 했어요.

Q3 그래, 결심했어! 승무원이 될 거야!

대학 때 영어 학원을 다녔는데 같은 반에 스튜어디스를 준비하는 친구들이 있었어요. 친구들의 이야기를 들으며, '스튜어디스는 참 자유롭고 다양한 경험을 많이 할 수 있는 직업이겠구나.'라고 생각했어요. 그중 한 친구가 했던 말이 너무 멋졌죠. '내가 꿈꾸는 직업은 하늘을 걸어다니는 외교 사절이야.'

Q4 내 직업, 이런 점은 너무 좋아!

추운 겨울, 따뜻한 여름 나라 해변에서 수영할 때, 유럽 어느 미술관에서 책에서만 본 유명 화가의 그림을 발견했을 때, 동남아의 식당에서 맛있는 현지 음식을 먹었을 때, 우연히 창밖을 봤는데 보석 같은 별과 달이 비행기와 나란히 가고 있을 때, 그리고 급체한 할머니의 손이며 등을 열심히 주물러 드렸더니 체기가 쑤욱 내려갔다며 고마워하실 때, 이 직업의 매력과 보람을 느낍니다.

Q5 승무원이라서 '요건 쬐끔' 괴로워!

밤샘 비행 때 너무 피곤한데도 늘 방긋방긋 웃어야 하니까 조금 힘들어요. 반대로, 깨어 있는 게 괴로울 때도 있어요. 지구 반대편에 있는 나라는 우리나라와 밤낮이 정반대잖아요. 한밤중이지만 우리나라 시간으로는 한낮이라 배도 고프고 잠도 안 오죠. 이럴 땐 정말 괴로워요.

Q6 국제선을 타고 돌아오기 전까지 뭘 하면서 노나요?

해외에 나가면, 다같이 모여 맛있는 현지 음식을 먹으러 가요. 노천카페에 앉아 수다도 떨고, 관광지를 구경하며 사진을 찍기도 해요. 쇼핑 또한 빼놓을 수 없죠, 하하. 쉴 때는 필요한 교육을 받기도 해요. 비행 때와는 또 다른 긴장감을 가지고 교육원으로 출근한답니다. 교육 때 치러야 할 시험은 엄청난 스트레스이기도 해요.

Q7 그동안 가 본 나라 중 가장 마음에 들었던 곳은?

나라마다 다른 매력이 있어서 그중 하나를 뽑기는 힘들어요. 유럽은 볼거리가 많고요. 미국은 웅장한 자연을 가지고 있어 좋아요. 호주는 맑은 공기와 깨끗한 해변이 좋고, 동남아는 혀를 자극하는 맛난 음식과 스파가 있어서 좋아요.

Q8 승무원이 되고 싶다면, 나처럼 해 봐!

스튜어디스들 보면 다들 키가 크고 날씬하죠? 규칙적인 운동과 바른 식습관을 지켰기 때문이랍니다. 방학을 이용해 색다른 체험을 해 보세요. 호기심과 모험을 좋아하는 어린이라면 멋진 스튜어디스 생활을 할 수 있을 거예요. 꾸준한 외국어 공부는 스튜어디스가 되기 위한 첫 번째 조건이랍니다.

Q9 승무원이 되고 싶은 어린이들에게 꼭 해 주고 싶은 말!

화려한 겉모습이 스튜어디스의 전부는 아니에요. 스튜어디스는 많은 노력과 교육으로 인해 만들어 가는 전문직이랍니다. 얼굴이나 키 등 외적인 조건을 갖추었다고 해서 내면의 실력을 쌓지 않으면 절대 안 돼요. 열심히 공부하고, 다양하게 읽고, 꾸준히 운동하세요. 그리고 스카프를 휘날리며 당당히 공항을 걸어가는 여러분의 미래를 기대해 보세요.

로켓[13]을 날려라!

"2주 뒤에 전국 초등학생을 대상으로 한 로켓 대회가 열려요. 입상을 하면 황금 트로피를 주고, 부상으로 한국항공우주연구원[14]을 견학할 수 있는 기회를 준대요. 관심 있는 친구들은 참가 신청서를 내도록 하세요."

담임선생님이 종례 시간에 로켓 대회 소식을 전해 주었다.

"이제 우주로 진출할 때가 된 거 같군. 내가 아니면 누가 로켓 대회에 나가겠어?"

하굣길에 하늘이가 으스대며 말했다.

"나도 나갈 거야!"

미리내가 말했다.

"네가 나간다고?"

하늘이가 의외라는 듯 말했다.

13 로켓

로켓은 안에 저장된 물질을 태워 그 반작용으로 날아가는 힘을 얻는 추진 기관을 말합니다. 로켓은 인공위성과 사람을 우주로 보내는 일을 합니다. 거대한 화염과 굉음을 일으키며 발사된 우리나라 최초의 우주 발사체 나로호. 이 나로호를 우주로 날아갈 수 있게 만드는 장치가 바로 로켓입니다.

14 한국항공우주연구원

한국항공우주연구원(KARI)은 대전광역시 대덕연구단지 안에 있는 항공 우주 과학을 전문적으로 연구하는 기관이에요. 1989년에 세워진 이 기관은 우리나라 인재들이 모여 첨단 항공기, 인공위성, 우주 로켓 등 하늘과 우주를 향한 꿈과 가치를 실현하기 위해 새로운 과학 기술을 연구, 개발하고 있습니다.

"응! 이소연 언니 같은 우주인이 되는 게 꿈이거든."

"언제는 스튜어디스가 꿈이라며?"

"꿈이란 건 많을수록 좋은 거잖아. 내 미모를 지구에서만 썩히기는 아깝기도 하고 말이지. 우주야, 너도 대회에 나갈 거지?"

미리내가 내게 물었다.

"종이비행기 날리는 거라면 모를까, 우주가 로켓 대회에 나갈 리 없잖아?"

하늘이가 무시하듯 말했다.

"나도 나갈 거야. 너보다 훨씬 높이 날아가는 로켓을 만들어 보일 테니까, 두고 봐!"

발끈해서 나온 말이긴 하지만 마음 한구석에 우주 과학자가 되는 것이 꿈이니 이번 대회에 꼭 나가야겠다는 생각도 있었다.

"우주 너, 로켓이 어떻게 나는지 그 원리[15]나 제대로 알고 하는 소리야?"

하늘이가 더 빈정대기 전에 나는 아이들을 앞질러서 집으로 향했다.

아빠는 오늘도 밤이 늦어서야 지친 얼굴로 돌아왔다. 어쩌면 다른 일자리를 찾아 봐야 할지도 모르겠다며 혼잣말을 했다. 그럼 우리는 지금보다 더 가난해지는 걸까? 나는 왜 다른 아이들처럼 학원에 가기 싫다고 투정하거나, 가족과 떠날 주말여행 계획을 세울 수 없는 걸까? 학교에서 괴롭힘을 당하지는 않지만, 가끔은 내가 투명인간이 된 것 같기도 하다. 어쩌면 난 그래서 더욱 자존심만 내세우는지도 모르겠다.

책상 위의 로켓 대회 참가 신청서를 보고 있자니 한숨이 절로 나왔다.

'어떻게 로켓 세트를 산담?'

저금통을 털어서 나온 돈은 고작 오천 원이었다. 로켓 세트를 사기에는 턱없이 부족한 돈이다. 그렇다고 힘들어하는 아빠에게 돈 이야기를 꺼내고 싶지는 않았다. 갑자기 내 처지가 불쌍해 눈물이 날 것 같았다. 참가 신청서를 서랍에 욱여넣었다. 그리고 창문을 열어 하늘을 봤다. 마음이 답답할 때면 내 유일한 보물인 천체 망원경으로 하늘을 보곤 한다. 물론 엄마가 별이 돼서 나를 지켜보고 있다는 말을 믿을 나이는 지났다. 하지만 밤하늘을 보고 있으면 왠지 내가 특별한 사람이 된 것만 같다. 그리고 저 하늘 너머에 있는 광활한 우주를 생각하면 지금 내가 겪는 걱정쯤은 아무것도 아닌 것처럼 느껴진다.

> **15 로켓의 원리**
>
> 로켓의 원리는 풍선에 공기를 가득 채웠다가 놓으면 공기가 밖으로 빠지면서 풍선이 반대 방향으로 날아가는 것과 같아요. 이때 빠져 나오는 공기는 풍선이 날아가는 방향과 반대 방향으로 나오는데 이 힘을 '추력'이라고 해요. 이는 뉴턴의 제3법칙인 작용과 반작용의 법칙의 실례로서, 작용하는 모든 힘에는 같은 크기의 힘이 반대 방향으로 작용한다는 것입니다. 이것이 바로 로켓의 기본 원리입니다.

> [16] **로켓의 발명**
> 로켓은 인간을 우주와 만날 수 있게 해 주는 유일한 매개체예요. 옛날부터 사람들은 우주에 대해 무한한 꿈을 가지고 동경을 해 왔지요. 달에는 방아를 찧는 옥토끼가 살고 있다고 말입니다. 그 꿈은 1969년 아폴로 11호가 달에 착륙하면서 깨졌습니다. 그러나 이 사건은 인류가 지구라는 틀을 벗어나 외계로 나아갈 수 있다는 희망을 안겨 준 큰 전환이 되었습니다.

'언젠가는 저 우주를 연구하는 사람이 될 거야. 내가 쏘아 올린 로켓으로 말이야.'

나는 우주에 있는 수많은 별과 그곳 어딘가에 살고 있을 또 다른 생명체에 대해서 생각했다. 로켓의 발명[16]이 없었다면 이런 상상은 그저 꿈으로 남았을 것이다. 지금 내가 하는 걱정은 큰 우주에 비하면 아주 작은 것이라 위로하며 잠을 청했다.

다음 날 점심시간에 하늘이가 아이들 앞에서 자랑을 늘어놓기 시작했다.

"아빠가 멋진 로켓을 구해 주셨어. 정말 근사하지?"

하늘이의 자랑에 미리내가 부러워하며 말했다.

"와 좋겠다! 난 로켓을 어떻게 구해야 하는지 모르겠어."

"그래? 그럼, 미리내 네 것도 구해 줄게."

"진짜? 잘 됐다. 그럼 우주 것도 구해 줄 수 있어?"

"뭐, 그 정도야 어렵지 않지!"

하늘이가 큰 인심이나 쓴다는 투로 말했다.

"됐어. 나도 이미 구한걸. 어찌나 높이 날아가는지 한번 날리면 한참을 가 다려야 한다니깐."

"그러셔? 그건 대회 날이 되면 알 수 있겠지. 누구 로켓이 더 높이 날아갈지 말이야!"

신기한 고물상

학교를 마치고 집에 가면서도 머릿속에선 온통 로켓 걱정뿐이었다.

'아, 어떻게 하면 로켓을 구할 수 있을까?'

한참 걷다 보니 어느새 집도 지나치고 '다있어 고물상' 앞까지 와 버렸다. 그 고물상은 동네 어른들도 잘 안 가는 곳이다. 고물상 할아버지가 괴짜라느니 미쳤다느니 하는 소문이 있기 때문이다. 하지만, 고물상이라면 온갖 잡동사니가 모이는 곳 아닌가? 어쩌면 쓸 만한 부품을 구할 수 있을지 모를 일이었다.

"계세요?"

조심히 발걸음을 옮기며 소리쳤지만, 아무 대답도 들리지 않았다.

"아무도 안 계세요?"

그때 고물상 구석에 놓인 컨테이너에서 '쾅!' 하고 커다란 폭발음이 울렸다. 깜짝 놀라 달려가 보니, 뿌연 연기 속에 할아버지가 깨진 달걀을 뒤집어쓴 채 주저앉아 있었다. 그리고 할아버지를 둘러싼 커다란 기계에서는 '웅~웅~'거리는 소음과 함께 불꽃이 튀었다.

"괜찮으세요, 할아버지?"

"콜록콜록, 괜찮다마다."

"근데 지금 뭐하세요?"

"너야말로 내 가게에서 뭘 하는 게냐?"

할아버지가 얼굴로 흘러내리는 달걀을 닦아 내며 물었다.

"저 뭘 좀 사러 왔는데요."

"아~! 손님! 그러지 말고 우선 날 좀 일으켜 주렴!"

나는 조심스레 손을 내밀어 할아버지를 일으켰다.

"넌 내가 뭘 실험하고 있었는지 궁금하겠지? 이건 비밀인데 말이다……."

할아버지는 누가 듣기라도 할까 봐 내 귀에 대고 속삭였다.

"나는 지금 달걀을 바로 세우는 기계를 만들고 있단다."

"네? 왜 그런 기계가 필요하죠?"

"왜 그런 기계가 필요하냐고? 그건 콜럼버스의 생각을 뛰어넘기 위해서지. 콜럼버스는 달걀을 세우기 위해서 그것을 깨지 않았니? 하지만, 그 달걀이

날달걀이었다면 어땠을 것 같니?"

확실히 할아버지는 정상이 아니신 것 같았다.

나는 괜한 기대를 한 걸 후회했다. 돌아서서 나가려 하자 할아버지가 소리쳤다.

"그냥 가는 게냐? 뭔가를 사러 왔다고 하지 않았니?"

"사실은 로켓을 만들 수 있는 재료를 구할 수 있을까 해서 왔는데……. 아니에요. 안녕히 계세요."

"그렇다면 제대로 찾아왔구나!"

"정말이세요? 진짜 로켓을 구할 수 있나요?"

"물론이지. 그전에 넌, 우리나라 로켓의 역사[17]에 대해서는 알고 있니?"

할아버지는 대수롭지 않다는 듯 물었다.

"글쎄요."

나는 머리를 긁적였다.

"로켓을 사려면 그 정도는 알아야 하지 않겠

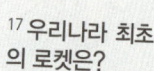

17 우리나라 최초의 로켓은?

최무선은 고려 말인 1377년에 화통도감을 세웠어요. 그리고 '달리는 불'이라는 의미의 '주화'라는 신무기를 만들었는데, 이것이 우리나라 최초의 로켓입니다. 최무선은 중국 상인으로부터 흑색 화약 제조 비법을 얻었고, 이를 왜구를 소탕하는 데 활용합니다. 주화는 로켓의 발사 과정과 같은 방법으로 작동합니다. 고려 시대의 주화는 조선 시대에는 '신기전'이란 이름으로 만들어져 계속 사용됩니다.

니? 우리나라 로켓의 역사는 고려 시대로 거슬러 올라간단다. 최무선 장군이라고 들어봤지? 당시 최 장군이 '주화'라는 신무기를 만들었는데, 이게 바로 우리나라 최초의 로켓이라 할 수 있지."

더 듣다가는 할아버지가 어떤 소리를 할지 몰라, 얼른 말머리를 돌렸다.

"할아버지, 로켓은 어디 있나요?"

"한 입으로 두말 하랴! 어디까지 가는 로켓을 줄까? 달까지? 화성까지? 아니면 목성까지?"

할아버지와 말장난이나 하고 있을 시간이 없었다. 내가 돌아서려 하자 할아버지가 좀 더 진지한 목소리로 말했다.

"구름 위 정도도 괜찮다면 찾아 줄 수 있다만……."

할아버지는 재빨리 고물들을 뒤지기 시작했다. 한참 뒤에 할아버지는 누렇게 녹이 슬어 알아보기 힘든 무언가를 내밀었다.

"자, 네가 찾던 로켓이다!"

나는 저절로 인상이 찌푸려졌다. 그건 금세라도 부스러질 거 같아 보였다.

"이게 진짜 로켓이라고요?"

"물론이지. 그것도 최고의 로켓이란다."

할아버지가 자신 있게 대답했다.

"어떠냐? 살 생각은 있는 게냐?"

주머니에 있는 오천 원을 드렸더니 할아버지는 곤란하다는 표정이었다.

"음…… 조금 부족하구나. 하지만 지금은 마침 특별 세일 기간이니, 이만큼만 받도록 하마!"

그렇게 해서 나는 할아버지가 로켓이라고 말하는 것을 들고 집으로 왔다. 아무리 생각해도 뭔가 속은 것 같은 기분을 지울 수 없었다. 집에 돌아와 로켓을 박박 문질러 닦으니 '공상Ⅱ'라는 글씨가 나타났다. '공상Ⅱ호', 그게 우주 과학자를 꿈꾸는 내가 처음으로 가진 로켓의 이름이었다.

나는 로켓 대회 준비를 차근차근 해 나가기 시작했다. 도서관에서 로켓에 대해 공부하고, 뒷산에 올라가 실제로 로켓을 쏘아 보기도 했다. 제트기, 미사일처럼 강한 발사체[18]! 나는 지금 강력한 로켓이 절실히 필요했다.

하지만, 공상Ⅱ는 엉뚱한 곳으로 날아가거나 내 키만큼 떠올랐다가 떨어지기 일쑤였다. 공부한 대로 점화기와 연료 탱크도 살펴보고 발사 위치도 여러 차례 바꿔 가며 실험해 보았다. 실험은 계속되었지만, 공상Ⅱ는 대회 전날까지도 날아오르지 않았다.

> **18 발사체**
> 제트기, 로켓, 미사일, 발사체는 각각 차이점이 있습니다. 보통 비행기나 제트기는 등유가 주성분인 제트유를 안에 가지고 있습니다. 산소가 있어야만 연소되어 비행을 할 수 있습니다. 그에 반해 로켓은 연료와 산소(산화제)를 내부에 함께 갖고 있어 따로 공기가 필요 없다는 점이 특징입니다. 미사일은 로켓, 제트엔진 등을 통해 앞으로 나아가며, 유도 장치로 목표에 도달할 때까지 유도되는 무기를 말합니다. 발사체도 로켓의 일종인데 특히 탑재물을 실은 뒤 지구에서 우주 공간으로 옮기는 데 사용되는 로켓입니다.

날아라 로켓, 공상 Ⅱ호여!

드디어 로켓 대회 날이 되었다. 집을 나서는 순간부터 발걸음이 무거웠다. 벌써 아이들의 비웃음 소리가 들리는 듯했다. 이런 엉터리 로켓을 산 것부터가 잘못이었다. 투덜거리며 고물상 앞을 지나는데, 고물상 할아버지가 한 아저씨와 이야기를 하고 있었다. 안경을 쓴 아저씨가 할아버지에게 말했다.

"아버지, 이제 이런 고물은 처분하시고 저희 집에서 편하게 사세요."

고물상 할아버지는 못마땅하다는 듯 손을 내저으며 대답했다.

"나는 여기가 좋다. 네놈이 우주에 별장을 지어 준대도 난 여기서 살 거여."

할아버지가 안으로 들어가 버리자, 아저씨는 한숨을 내쉬며 고물상을 나왔다. 그러고는 내 손에 들린 로켓을 바라보았다.

"잠깐 그것 좀 볼 수 있겠니?"

내 로켓을 보여 주었더니 아저씨는 눈이 동그래져서는 로켓을 곰곰이 살펴보았다.

"이걸 어디서 구했니?"

"여기 고물상에서 샀어요. 그런데 순 엉터리에요. 날아갈 생각도 하지 않는다고요. 이 로켓은 완전히 실패작이에요."

그동안 했던 노력들을 생각하니 다시 분한 마음이 들었다.

"음, 어디 보자……. 점화기와 연료 탱크의 부속을 갈아 끼웠구나. 색칠도 새로 했고……. 그런데 노즐에 조금 문제가 있는 것 같구나."

아저씨는 로켓을 들고 안으로 들어가서는 고물 더미를 뒤적이기 시작했다. 그러더니 대단한 보물이라도 찾은 듯 낡은 부품 몇 개를 골라냈다. 나는 가만히 보고만 있었다. 아저씨는 새로운 장난감을 선물 받은 어린애처럼 즐거워했다. 아저씨가 로켓의 부품을 갈아 끼우며 말했다.

"이 로켓이 아직도 있는지 몰랐구나. 어쩌면 아버지에게 이 고물은 단순한 고물이 아닌지도 모르겠다. 자, 다 됐다!"

아저씨는 로켓을 내게 돌려주며 말했다.

"이 로켓이 날아오르지 못한다고 해서 너무 실망하지 말거라. 본래 발명의 역사는 실패의 역사니까. 실패의 과정이야말로 성공을 위해 꼭 필요한 거야."

나는 로켓을 받아들고는 아저씨에게 고맙다는 인사를 했다. 하지만, '저 아저씨가 잠깐 손봐 줬다고 해서 뭐가 달라지겠는가?' 하는 미심쩍은 마음은 여전히 변하지 않았다.

대회장에는 벌써 각 학교를 대표하는 아이들로 가득했다. 하늘이 손에는 번쩍이는 은색 로켓이 쥐어져 있었다. 미리내 로켓도 하늘이 것만큼 멋졌다.
하늘이가 내 로켓을 보더니 비웃었다.
"이거 로켓 맞아? 로켓이 아니라 고철 덩어리 아냐? 결과는 안 봐도 뻔하네."
미리내도 안됐다는 듯 내 로켓을 바라보았다. 이윽고 대회의 시작을 알리는 음악이 울려 퍼졌다. 우리는 로켓을 쏘아 올릴 운동장에 모였다. 사회자가 발사에 앞서 심사위원을 소개했다.
"오늘 로켓 대회의 심사를 맡아 줄 공상두 박사님을 소개합니다."
박사님이 강단 위에 올라서서 우리에게 인사했다. 나는 박사님 얼굴을 보고는 화들짝 놀랐다. 그분은 오늘 고물상에서 내 로켓을 손봐 줬던 바로 그 아저씨였다. 이름이 공상두라고? 아, 그러고 보니 공상Ⅱ, 바로 내 로켓의 이름과 같았다.

얼떨떨한 기분으로 발사대에 로켓을 올려놓았다. 어쩌면 날아오를지도 모른다는 희망을 가지고 발사 신호에 맞춰 로켓의 발사 버튼을 눌렀다. 로켓들이 동시에 하늘로 솟아올랐다. 단 하나만 빼고! 내 로켓인 '공상Ⅱ'만이 제자리에 멈춰 있었다.

실패였다! 결국, 이렇게 되고 말았다. 어떤 아이들은 낄낄댔고, 또 다른 무리들은 측은한 눈초리로 바라봤다. 공상두 박사님만이 호기심 어린 눈빛으로 바라보고 있었다. 불끈 쥐었던 주먹에 힘이 풀렸다. 왠지 분했다. 어쩔 수 없이 실패를 인정하고 돌아서려는데, 갑자기 '공상Ⅱ'의 노즐에서 불꽃이 튀기 시작했다. '치지직' 하는 소리와 함께 불꽃을 내뿜으며 내 로켓이 하늘로 솟아올랐다. 그것도 엄청난 속도로! 아이들의 입이 떡하니 벌어졌.

'공상Ⅱ'는 어떤 로켓보다 높이 날아갔다. 구름 위를 날아가던 새 한 마리가 깜짝 놀라 달아났다.

대회가 끝나고, 심사위원인 공상두 박사님이 수상자를 발표했다.

"오늘 로켓 대회의 수상자를 발표하겠습니다. 우수상은 강하늘, 미리내, ……. 오늘의 최우수상은 박우주 학생입니다."

와, 내가 최우수상이라니, 꿈만 같았다.

수상자 발표에 이어 공상두 박사님의 로켓에 대한 강연이 이어졌다.

"로켓의 발명이 없었다면 인류는 결코, 달에 사람을 보내거나 화성에 탐사 로봇을 보내지 못했을 것입니다. 로켓은 인간을 우주와 만날 수 있게 해 주는 유일한 매개체입니다."

박사님은 항공 우주 분야에 꿈을 가진 우리들에게 꼭 필요한 자질[19]에 대해서 말해 주었다.

　우주 분야는 나라의 이익만이 아닌, 세계의 행복을 추구하는 일이니만큼 서로 돕고 화합해야 한다는 이야기가 귀에 박혔다. 이제부터 난 달라져야 한다. 나를 무시하는 잘난 척 대장 하늘이에게도, 새침데기 미리내에게도 내가 먼저 손을 내밀어야겠다. 난 우주 과학의 기대주, 지구의 희망 '박우주'니까 말이다.

> 19 우주 연구에 필요한 자질
>
> 우주 과학 분야는 여러 분야의 기술이 종합적으로 사용되는 분야로 각기 다른 전공이 필요합니다. 헌데 여러 분야의 사람들이 모여 일하다 보면 때때로 불협화음이 생길 수 있습니다. 실제 설계 과정에서 질량 배분, 전력 배분, 공간 배분, 접속 설계 등을 어떻게 할지를 놓고 의견이 충돌할 소지가 큽니다. 맡은 부분에 있어서는 꼼꼼하고 정확하게 업무를 처리해야 하지만 무엇보다 다른 사람들과 협동하지 않으면 전체 시스템을 제대로 구성할 수 없습니다. 항공 우주 분야의 연구원들은 국가가 필요로 하는 연구를 한다는 의무와 사명감을 가지고 항상 노력하는 자세가 무엇보다 필요합니다.

세계의 행복을 지키는 나는 박우주다!

궁금타파

로켓을 만드는 사람들

우리나라 최초의 현대식 로켓은 1958년부터 인하공대 등에서 개발하기 시작했는데 큰 성과를 내지는 못했습니다. 이후 '한국항공우주연구소'가 세워지면서 본격적인 개발이 시작됩니다. 1993년에 '과학관측로켓1'호가 발사되었고, 2002년 한국항공우주연구원이 개발한 액체 추진 로켓인 'KSR-Ⅲ'가 시험 발사에 성공하기도 했습니다. 액체 추진 기술은 인공위성을 발사하기 위해 꼭 필요한 기술입니다.

여기서 왼쪽 그림을 보면서 2단 로켓 KSR-Ⅲ 구조를 한번 보겠습니다.

그림만 봐도 로켓의 구조가 아주 복잡하다는 것을 알 수 있죠?

항공 우주 분야는 항공, 우주, 기계, 전기 전자, 물리학, 화학, 수학, 천문학 등의 분야가 모두 포함되어 있어요. 우주 정거장을 운영하기 위해서는 의학이나 식품 영양학 같은 학문도 필요합니다. 로켓(발사체)

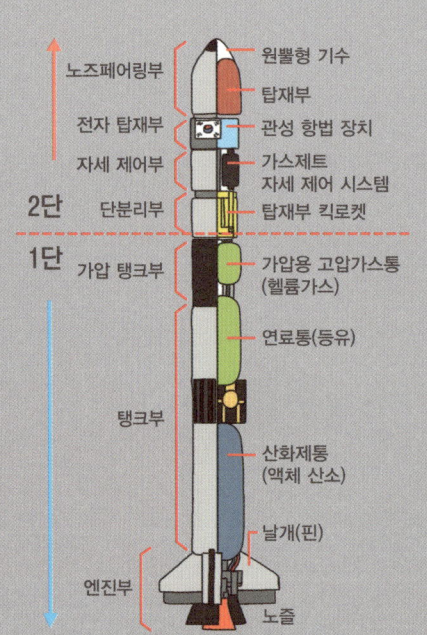

개발 또한 마찬가지입니다.

　로켓은 한두 사람이 모여 만들 수 있는 단순한 물건이 아닙니다. 로켓 하나를 개발하기 위해 많게는 수만 명이 참여하기도 합니다.

　앞의 그림에서 보듯 로켓은 다양한 부분들을 따로 제작해 최종 하나로 조립해서 완성하는 것입니다. 각 단

계의 전문가들이 머리를 맞대고 만드는 것이죠. 그중에는 로켓의 비행 과정을 포함해 최종 궤도에 잘 진입할 수 있는지를 연구하는 사람, 로켓에 어떤 금속재와 재료를 써야 강도는 높아지고 무게는 적어질지 로켓 구조물을 연구하는 사람이 있습니다. 또한 로켓에 들어가는 전력 시스템 등 다양한 시스템을 개발하는 연구원도 있어요. 비행 중 일어날 수 있는 다양한 열의 원인을 찾아 조절하는 연구원, 로켓의 연료를 액체로 할 것인지 고체로 할 것인지 고민하는 연구원도 있습니다.

　이렇듯 여러 분야의 전문가들이 같이 연구에 참여하기 때문에 이를 종합할 수 있는 '체계 종합 업무'(시스템 엔지니어링)라는 것이 무엇보다 중요합니다. 이것은 전체적인 시스템을 통합하고 조정하는 일입니다. 그래서 로켓 개발에 참여하는 사람들은 부분만이 아닌 전체를 볼 수 있는 지식과 능력, 다양한 분야의 연구원들을 이끌어 갈 수 있는 리더십이 필요합니다.

다짜고짜 인터뷰

로켓 연구가

채연석 박사

Q1 아른아른 어린 시절 꿈은?

초등학교 때 미국과 소련의 우주 개발이 시작되었어요. 신문에 우주 비행사가 우주선을 타고 우주 비행을 한 이야기가 실렸죠. 만화에서만 보던 일이 현실이 된 거예요. 어찌나 신기했는지 우주를 비행하는 꿈을 꿀 정도였어요.
당시 우주 비행의 중심에는 로켓이 있었습니다. 전 이때부터 로켓에 관심을 갖게 되었어요. 언젠가 우리가 우주선을 쏘아 올린다고 해도 로켓이 꼭 있어야 하니까요.

Q2 될 성 부른 나무 떡잎부터 알아본다?

어린 시절, 그리기와 만들기를 좋아했어요. 그리기는 상상한 것을 구체적으로 표현하는 데 도움이 됩니다. 만들기는 자신이 구상한 것을 실제화시키는 작업이지요. 그리기와 만들기 모두 로켓을 설계하고 만드는 데에 큰 도움이 되었어요. 어렸을 때 좋아하던 취미를 살펴 자신의 꿈과 잘 연결시켜 보세요. 좋아하고 잘하는 것에 꿈이 숨어 있을 거예요.

Q3 그래, 결심했어! 로켓을 연구할거야.

로켓이 발사될 때 큰 소리를 내며 불을 뿜고 하늘로 올라가지요? 로켓은 위험해 보이지만 아주 역동적인 매력을 갖고 있습니다. 스스로 조그만 로켓이라도 만들어 보면 그 매력에 푹 빠져들게 될 거예요. 전 고등학교 1학년 때 고막을 잃은 적이 있습니다. 과학 전람회에 출품할 로켓을 만들어 시험하다가 폭발했기 때문이에요. 그때 전 큰 결심을 했습니다. 장차 로켓 과학자로 성공해서 잃어버린 고막을 되찾겠다고 말이죠.

앞서 말했듯 우리나라가 장차 우주 개발을 하게 될 때 꼭 필요한 것이 로켓입니다. 그래서 로켓을 꾸준히 공부하고 연구하다 보면 나중에라도 우리나라가 우주 개발을 할 때 꼭 함께 할 수 있을 거라 생각했어요.

안의 노력과 희망이 물거품이 되는 것 같아 마음이 무거웠죠.
그래도 전 다시 태어난다고 해도 로켓을 연구하며 살 것입니다. 로켓은 우주로 갈 수 있는 유일한 장치니까요.

Q4 로켓 연구가, 이런 점은 '너무' 좋아!

로켓의 매력을 한마디로 설명하기는 참 어려워요. 하지만 잘 만든 로켓이 제대로 비행하는 모습을 보면 누구라도 그 매력에 푹 빠질 것입니다. 그리고 설계했던 대로 비행하는 모습을 보면 정말 보람을 느낍니다. 그 모습에 많은 사람들이 좋아해 주면 더욱 행복해지지요. 전 로켓을 연구하면서 우리나라의 전통 로켓인 '신기전'을 발견하게 되었습니다. 이를 제대로 밝히고 알려 낸 일이 보람된 일 중 하나입니다. 이 신기전은 나중에 영화로 만들어졌는데, 영화에 자문을 한 일 또한 로켓 연구가로서 의미 있는 일이었습니다.

Q6 로켓을 연구하고 싶다면 나처럼 해 봐~!

1. 무엇이든 내가 상상한 것을 그림으로 표현해 보세요. 큰 도움이 될 것입니다.
2. 로켓과 우주 개발에 관한 책을 찾아 읽어 보면 꿈을 구체화시키는 데 도움이 될 거예요. 더불어 로켓의 역사와 원리, 기능에 대해 자세히 알 수 있을 것입니다.
3. 단순하게 만들 수 있는 물 로켓이라도 만들어서 쏘아 보세요. 로켓의 매력을 발견할 수 있을 것입니다.

Q5 로켓 연구가, '요건 쬐끔' 괴로워!

연구비가 많이 필요한 분야인데 연구비가 부족할 때는 어려움이 많아요. 또한 정해 놓은 발사 날짜는 다가오는데 계속 문제가 발생하고 해결이 잘 안 될 때는 정말 괴롭죠. 이를테면 나로호 발사가 계속 실패했을 때는 그동

Q7 로켓 연구가를 꿈꾸는 어린이에게 꼭 해 주고 싶은 말은?

우선 자기가 가장 잘할 수 있는 것이 무엇인지 고민해 보세요. 그것을 찾았다면 계속 꿈을 갖고 준비하는 것이 무엇보다 필요합니다.

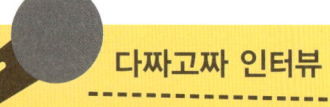

다짜고짜 인터뷰

나로호 개발 연구원

나로호 전자팀 **김주년** 연구원

Q2 나로호 개발에 참여하면서 가장 좋았던 점은 무엇인가요?

나로호와 같은 로켓 발사체는 수만 개의 부품들로 구성됩니다. 기계 부품도 있고 전자 부품도 있습니다. 그러므로 로켓 발사체는 물리와 같은 과학뿐 아니라 추진, 기계, 전자 및 컴퓨터 공학과 같은 다양한 공학이 함께 어우러져 개발됩니다. 나로호 개발에 참여하면서 이렇게 다양한 분야의 연구원들과 함께 일할 수 있고, 다양한 과학 기술 분야를 접할 기회를 가졌다는 것이 가장 좋았습니다.

2009년과 2010년 나로호 발사 성공을 위해 많은 국민들께서 응원해 주었습니다. 나로호 개발 연구가 국민들에게 꿈과 희망을 주는 일이란 것을 알았을 때 진정 보람되고 가슴이 뿌듯했습니다.

Q1 나로호란 이름은 어떻게 지어졌나요?

우리나라 우주 개발 기지인 나로 우주 센터는 전라남도 고흥군 나로도에 있어요. 이곳의 이름을 따서 '나로호'란 이름이 지어졌습니다. 또한 우리나라 국민의 꿈과 희망을 담아 우주로 뻗어 나가길 바라는 의미도 함께 담고 있어요. 나로호는 100kg급의 위성을 지구 저궤도(고도 300~1,500km)에 투입하기 위해 만들어진 2단형 발사체입니다. 나로호의 1단은 액체 엔진으로 러시아의 기술로 개발되었으며, 2단은 고체 엔진으로 우리나라 기술로 개발되었습니다.

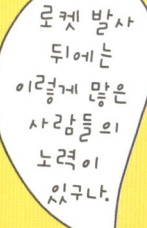

Q3 나로호를 발사하던 날의 풍경에 대해 듣고 싶어요. 실패했을 때 어떤 마음이 드셨나요?

당시 많은 국민들이 텔레비전 앞에 앉아서 나로호의 성공을 기원하였듯이 우리 연구원들도 발사 3일 전부터 조용히 기도하며 기다렸습니다. 그리고 발사 직후, 감격의 눈물을 흘렸어요. '이제 우리도 뭔가를 해냈구나!' 하는 자부심으로 뿌듯했죠. 오랫동안 떨어져 지낸 가족을 만날 생각에 기쁘기도 했고요. 그런데 페어링 분리 실패로 최종 궤도에 위성을 투입하지 못했다는 소식을 듣는 순간, 깊은 슬픔에 잠겼어요. 무엇보다 나로호 발사 실패로 많은 국민들에게 실망감을 안겨 줄 것이 가장 마음 아팠습니다.

자동차와 배는 개발하는 과정에서 길이나 바다 위에서 여러 번 시험을 한 뒤 시장에 내놓습니다. 그러나 로켓은 지상에서 시험할 수 있는 것에는 한계가 있으며 각 부분이 모두 결합한 상태에서 시험할 수 있는 기회는 발사 때뿐입니다. 이 점이 발사체 개발에 있어 가장 어려운 부분이지요. 개발 과정에서 수많은 시험과 분석을 통해 충분히 검증했다고 판단했지만, 우리가 미처 몰랐던 부분이 있었습니다. 그것은 우리가 발사체를 처음 쏘아 올렸기 때문에 알게 된 것이었지요. 이런 사항들은 다른 나라에서는 공개하지 않는 기술 정보입니다. 발사체의 성공을 위해서는 더 많은 노력이 필요하다는 것을 배웠습니다.

Q4 나로호는 온전히 우리 기술만으로 만든 것도 아닌데 의미가 있나요?

로켓을 개발할 때 '백문이 불여일발'이라는 우스갯소리를 합니다. 즉 백번 만들어서 얻는 기술보다 한 번의 발사를 통해 얻는 기술이 훨씬 더 크다는 뜻입니다. 그러므로 발사체 조립과 시험, 그리고 발사를 통해 확보되는 기술 정보는 매우 많습니다. 비록 1단이 외국 기술이 도입되어 만들어졌지만 우리 땅에서 발사체를 조립하여 쏘았다는 것만으로도 큰 의미가 있는 것입니다.

Q5 나로 우주 센터에 대해 들려주세요.

나로 우주 센터에는 현재 50여 명의 연구원들이 상주하면서 앞으로 있을 나로호 3차 발사에 문제가 없도록 발사대, 연료 공급 시설, 발사 통제 시설 그리고 추적 시설들을 점검합니다. 특히 우주 센터가 바닷가에 위치하다 보니 바다 안개와 소금기가 발사대를 비롯한 여러 장비들에 나쁜 영향을 미칠 수 있습니다. 그래서 장비 및 시설을 점검하고 작동을 확인하여 언제든 발사할 수 있도록 최적의 상태를 유지하고 있습니다.

Q6 나로호 발사를 지켜보며 꿈을 키운 어린이들에게 해 주고 싶은 말이 있다면?

제가 중학교 다닐 때 과학 선생님이 "과학은 '왜?'라는 질문에 대한 답이다. 그러므로 항상 '왜?'라는 질문을 던져라."라고 가르쳤습니다. '왜'라는 질문은 호기심을 자극시킵니다. 과학자로서 가장 중요한 것이 호기심입니다. 그리고 그 호기심에 대한 답을 계속 만들어 가면 좋은 결과가 있을 거예요.

또 하나, 좋은 생각이 날 때마다 수첩에 기록하는 습관도 필요해요. 스스로 답을 찾아가는 과정이 될 수 있으니까요.

우주 발사체 개발에는 기계 공학, 전자 공학, 화학, 디자인, 수학, 천문학, 지구 과학, 컴퓨터 공학, 폭발 관련 등 많은 분야의 과학 기술자가 필요합니다. 결코 한 사람이 만들 수 없습니다. 다양한 과학 분야에 관심을 가지길 바랍니다.

시간이 날 때마다 신문을 읽고 관련 기사를 스크랩해 보세요. 한 분야의 책이나 기사를 여러 번 읽게 되면 생각의 깊이와 넓이가 점점 커질 것입니다.

앞으로 우리가 개척해야 할 우주는 무한히 넓습니다. 그런 미지의 세계가 여러분과 같은 훌륭한 과학 기술자를 기다리고 있습니다. 어린이 여러분 힘내세요. 파이팅!

생활 속의 인공위성

 오늘은 한국항공우주연구원으로 견학을 가는 날이다. 내 책상 위에 놓인 우승 트로피를 보면 아직도 로켓 대회 날의 기쁨이 고스란히 느껴진다. 시상식이 끝나고 공상두 박사님과 나눈 이야기가 떠올랐다.

"박사님이 아니었으면 이 상은 못 받았을 거예요. 고맙습니다."

내가 부끄러워하자, 공 박사님은 자상한 얼굴로 말했다.

"모든 건 네가 한 거야, 우주야. 낡아서 아무도 봐주지 않는 로켓에게 다시 하늘을 날 수 있도록 기회를 줬잖니? 그러기 위해 넌 열정과 끈기를 가지고 공부도 하고 실험도 했잖아. 덕분에 나도 잠시 잊고 지내던 꿈이 되살아난 것 같아 기뻤단다."

하늘을 날고 싶은 낡은 로켓. 그건 어쩌면 내 모습인지도 모르겠다는 생각을 했다.

나는 출발하기 전에 인터넷으로 연구원 홈페이지에 들어가 정보들을 살펴보았다. 아름답고 신비한 우주 사진에 빠져 시간 가는 줄 몰랐다.

대전에 있는 연구원까지는 하늘이 어머니께서 데려다 주기로 해, 하늘이네

집으로 향했다. 가는 길에 미리내를 만났는데 손에 우산이 들려 있었다.

"이렇게 맑은데 왜 우산을 들고 와?"

"일기예보 안 봤어? 오늘 오후에 비 올 확률이 80%나 된대!"

미리내의 핀잔을 들으며 하늘이 집에 도착했다. 텔레비전에서는 한·일전 축구가 중계되고 있었는데 하늘이는 거기에 푹 빠져 있었다.

"이제 그만 봐! 견학 시간에 늦는단 말이야!"

미리내가 리모컨으로 텔레비전을 꺼 버렸다.

"빨리 켜! 안 그래도 우리가 1:0으로 지고 있단 말이야!"

하늘이가 주먹을 불끈 쥐며 말했다.

"가면서 휴대폰으로 보면 되잖니? 어서들 나오거라!"

하늘이 어머니가 하늘이를 끌어내며 말했다. 드디어 대전에 있는 한국항공우주연구원으로 향했다.

"우리 엄마 왕초보야! 면허 딴 지 한 달도 안 됐거든. 너희들 오늘 엄청 늦을지도 모른다고!"

"무슨 소리! 엄말 한번 믿어 봐. 그리고 이 차에는 내비게이션도 있단다.

그러나저러나 톨게이트가 왜 이리 안 나오는 거야?"

하늘이 어머니가 운전대에 바짝 붙어 주변을 두리번댔다.

"엄마, 아까 좌회전하셨어야 했다고요! 내비게이션이 다 알려 주잖아요!"

하늘이가 계속 휴대폰을 보며 말했다.

"DMB[20] 소리 때문에 정신이 하나도 없잖아! 그 소리 좀 못 줄이니……."

"골~! 골이다!"

갑자기 하늘이가 소리를 질렀다. 그 바람에 하늘이 어머니는 핸들을 잘못 꺾었고, 마주 오던 차들이 아슬아슬하게 지나가며 빵빵거렸다.

"박지성 형이 동점 골을 넣었어요!"

연구원에 도착하기까지 우리가 두 골을 더 넣었다. 축구에선 승리했지만 하늘이 덕분에 연구원 견학에 앞서 하늘나라부터 견학할 뻔했다.

연구원에 도착한 우리는 공 박사님의 연구실로 갔다. 박사님은 우리를 반갑게 맞아 주었다. 그리고 견학에 앞서 로켓과 인공위성의 원리에 대해서

[20] **DMB**
디지털 멀티미디어 방송(Digital Multimedia Broadcasting)의 약자입니다. DMB는 음성과 영상 등의 신호를 디지털 방식으로 바꾸는 기술 또는 그 기술을 이용하여 휴대용과 차량용 수신기에 제공하는 방송 서비스를 뜻합니다. 개인용 단말기나 차량용 단말기를 통해 DMB를 이용하면 언제 어디서나 고화질 영상과 음악을 감상할 수 있습니다.

간단히 설명해 주었다.

"위성은 행성의 잡아당기는 힘, 즉 인력에 의해 그 행성 주변을 도는 천체를 가리키는 말이야. 그러니까 달은 지구의 자연 위성인 거지. 인공위성은 로켓을 이용해 인위적으로 궤도에 띄워 올린 장치를 말해. 이 인공위성은 충분한 속도를 내어 중력에 영향을 받지 않으면서 자신만의 궤도를 가져야 해.

초속 7.9km 이상의 속도를 갖지 못하면 궤도를 갖지 못하고 지구 위로 떨어지고 말지."

"아, 속도가 중요하군요. 박사님, 가장 처음 만들어진 위성은 어떤 것인가요? 위성을 만드는 데도 사람이 많이 필요한가요?"

난 그동안 궁금해 하던 것을 물어보았다.

"최초의 인공위성은 1957년 옛 소련이 발사한 스푸트니크 1호야. 그리고 인공위성은 수많은 분야의 전문가[21] 들이 모여 아주 오랜 기간 연구와 실험을 거듭해 만들어진단다."

"박사님, 지구도 아닌 우주에 떠 있는 것까지 우리가 꼭 알아야 하나요?"

미리내가 골치 아프다는 듯 말했다. 나도 사실 인공위성이 굉장히 생소하게 느껴졌다.

"그렇게 생각하는 게 당연해. 아직 우주에 대해 관심이 부족한 게 현실이기도 하고. 하지만 인공위성만 해도 우리 삶과 아주 가까운 장치거든. 먼저 너희들이 이곳에 오기 전까지 한 일에 대해 말해 볼까?"

> **21 인공위성을 만드는 사람들**
>
> 하나의 인공위성을 만들어 발사하기까지 많은 사람이 참여합니다. 그래서 무엇보다 협동이 중요하지요. 인공위성과 관련된 직업에는 시스템 엔지니어, 제품 보증 엔지니어, 부품 개발자, 조립 시험 기술자, 관제국 개발 및 운영자, 수신국 개발 및 운영자, 자료 활용 기술자 등과 같은 연구원이 있습니다. 그 외에도 우주용 시험 장비 개발자와 기계 지상 지원 장비, 전기 지상 지원 장비 개발자, 오염 관리자, 볼트, 저항 등 요소 부품 개발자 등이 있습니다.

공 박사님이 인자한 표정으로 물었다.

"저는 인터넷으로 미리 한국항공우주연구원에 관한 것을 찾아봤어요."

내가 말했다.

"저는 일기예보를 보고 우산을 챙겨 왔어요."

빗방울이 떨어지기 시작한 창밖을 보며 미리내가 말했다.

"전 텔레비전으로 한·일전 축구 경기를 봤어요. 집에서 다 보고 나올 수 없어서 DMB 방송으로 마저 봤죠. 그리고 초보 운전자인 엄마 덕분에 죽을 고비도 여러 번 넘겼고요. 그나마 내비게이션이 있었기에 망정이지……."

하늘이 말에 우리 모두 키득거렸다. 박사님은 우리 이야기를 다 듣고는 고개를 끄덕였다.

"인공위성에 대해서는 잘 몰라도 인공위성

22 인공위성이 하는 일

용도에 따라 지구 관측, 통신 방송, 기상, 과학, 항행 위성 등으로 나눕니다. 지구 주위의 저궤도를 돌면서 지상의 광학 혹은 전천후 영상을 찍는 위성인 지구 관측 위성, 지상과 지상 사이의 통신을 중계하거나 방송을 송출해 주는 통신 방송 위성, 저기압의 위치, 대기 중 수분 함량 등을 측정하여 일기를 관측하는 기상 위성, 이온층 상태 등의 자료 수집, 우주 환경 관측을 수행하는 과학 위성, 전파를 발사해 선박이나 비행기가 그들의 위치를 정확히 알 수 있게 도와주는 항행 위성이 그것입니다.

이 하는 일[22]은 이미 체험한 셈이네. 자, 그럼 본격적인 견학을 시작해 보자꾸나."

"우리가 모두 체험했다고요?"

내가 놀라서 물었다.

"그래. 너희는 이미 생활에서 인공위성을 충분히 활용하고 있어. 가면서 설명해 주마."

우리는 박사님을 따라 건물 1층에 있는 전시관으로 갔다. 그곳에서 우리의 눈길을 사로잡은 것은 유리장에 진열된 우주복이었다.

"이 우주복이 이소연 박사가 입었던 우주복이란다."

박사님의 설명에 미리내가 눈이 동그래져서 진열장에 달라붙었다.

"너무 멋져요! 나도 입어 보고 싶어요!"

미리내의 말에 박사님은 미소 지으며 말했다.

"언젠가는 그런 날이 오겠지. 그날을 위해 계속 꿈을 잊지 말고. 옆에 보이는 게 한국 최초의 발사체인 나로호란다. 아직은 인공위성을 싣고 갈 만큼 크지는 않지만 머지않아 우리 힘으로 인공위성을 쏘아 올릴 발사체를 만들

23 우주 기술 수준

우주 기술은 크게 인공위성과 발사체인 로켓 분야로 나눠요. 한 나라의 우주 기술 수준은 다음과 같이 분류하기도 합니다.
A그룹 : 로켓을 자체 발사할 수 있는 능력과 위성 개발 기술을 가진 나라. 미국과 러시아, 영국, 프랑스, 인도, 일본, 중국, 이스라엘 등이 있어요.
B그룹 : 발사체 기술은 없지만 위성 개발 능력을 가진 나라. 우리나라와 캐나다, 독일, 이탈리아 등이 있어요.
C그룹 : 로켓 기술과 위성 개발 능력을 부분적으로 가진 나라. 브라질, 오스트리아, 덴마크 등이 있어요.
D그룹 : 최근 우주 개발을 시작한 나라. 호주, 대만 등이 있어요.

24 우리나라 최초의 인공위성

최초의 인공위성은 KITSAT 1호(우리별 1호)입니다. 1992년 8월 11일에 발사된 우리별 1호는 영국 서리대학교의 기술 지원을 받아 한국과학기술원(KAIST) 인공위성 연구 센터에서 파견된 연구원들에 의해, 영국에서 만들어졌습니다. 한국항공우주연구원에서는 우리별 2호의 구조체를 제작하고 조립이 완료된 위성체의 환경 시험을 수행하였습니다. 이 위성에는 지구 표면 촬영 실험, 우리말 음성 방송 실험, 우주 방사선 측정 실험 장치 등이 탑재되었습니다.

수 있을 거야."

"아직 우리 기술만으로는 위성을 쏘아 올릴 수 없나요?"

내가 물어보았다.

"발사체는 한 나라의 우주 기술 수준[23]을 가늠하는 중요한 기준이 되기도 해. 아직은 부족한 부분이 있지만 너희같이 우주를 향한 꿈을 가진 친구들이 자라서, 더 훌륭한 로켓을 만들어 주면 좋겠구나."

"걱정하지 마세요. 얘들이라면 좀 힘들겠지만, 제가 있으니 문제없다고요."

하늘이가 으스댔다.

이어 옆 전시실로 갔다. 그곳엔 우리나라 인공위성을 재현해 놓은 모형이 있었다.

"지금 앞에 있는 위성이 바로 '우리별 1호'야. 1992년에 발사된 우리나라 최초의 인공위성[24]이지. 그리고 옆에 보이는 모형이 '천리안 위성'이고."

박사님이 설명을 계속했다.

"위성에 달린 안테나 보이지? 이 안테나가 전파를 받아서 중계를 하는 거야. 하늘이는 여기 오기 전에 축구 경기를 봤다고 했지? 지구 반대편에서 하는 축구 경기를 실시간으로 볼 수 있는 건, 바로 인공위성이 텔레비전의 전파를 받아서 중계해 주기 때문이란다. 요즘은 휴대폰이나 PMP 같은 휴대용 기기로 어디서나 텔레비전을 볼 수 있잖아? 그게 다 위성이 있어서 가능한 일이야. 천리안 위성은 시험용으로 사용하고 있지만, 무궁화 위성과 한별 위성이 우리나라 통신과 방송을 담당하고 있단다."

"쳇, 그런 것쯤은 진작 알고 있었다고요."

하늘이가 입술을 삐죽이며 말했다.

"박사님, 제가 우산을 챙겨 올 수 있었던 것도 인공위성 덕분인가요?"

미리내가 물었다.

"응, 그건 기상 위성의 도움이지. 기상 위성은 지구의 기상 상태를 관측하기 위한 인공위성이야. '천리안 위성'은 기상 위성으로서의 역할도 한단다. 그전까지는 기상 위성이 없어서 일본이나 미국에서 자료를 받아야 했지만,

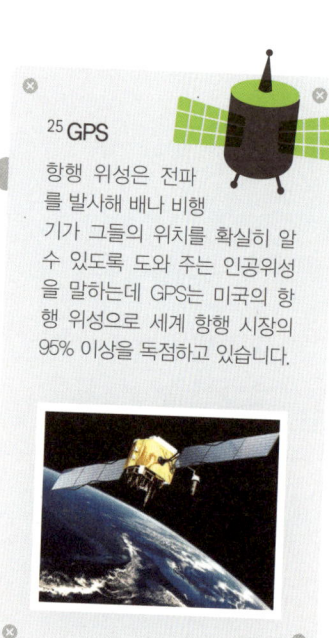

25 GPS

항행 위성은 전파를 발사해 배나 비행기가 그들의 위치를 확실히 알 수 있도록 도와 주는 인공위성을 말하는데 GPS는 미국의 항행 위성으로 세계 항행 시장의 95% 이상을 독점하고 있습니다.

이젠 우리 위성으로 좀 더 정확한 기상 예측이 가능해졌지."

"내비게이션도 위성이 있어서 가능한 거죠?"

하늘이가 으스대며 말했다.

"맞아. 내비게이션은 미국 공군에서 운영하는 항행 위성인 GPS[25]로 운영되는 거야."

"우리 나라가 발사한 인공위성은 몇 개나 되나요?"

내가 물었다.

"우리나라는 지금까지 총 12개의 인공위성을 발사했고, 현재 4개의 인공위성이 활동 중이야.

"하지만 여기 전시된 인공위성은 전부 가짜잖아요. 우리는 모형이나 보러 온 게 아니라고요."

하늘이가 투덜거렸다.

"어쩔 수 없잖아. 진짜 위성은 우주에 떠 있는걸!"

미리내가 안타까운지 한숨을 내쉬었다.

"진짜 위성이라……, 보러 가자꾸나!"

"정말요?"

나는 놀라서 되물었다.

"이 연구원은 위성을 만드는 곳이기도 해. 당연히 지금 만들어지는 위성이 있지 않겠니? 나를 따라오렴."

인공위성을 만나다

우리는 2층으로 올라갔다. 박사님이 보안 카드로 문을 열어 주었다. 통유리창 안으로 엄청나게 큰 시험실의 내부가 보였다. 거기에 제작 중인 인공위성이 있었다. 그 주변에는 방진복에, 방진 모자를 쓰고, 덧신까지 신은 기술자들이 실험에 열중하고 있었다. 규모가 어마어마했다.

"이곳은 인공위성을 만드는 곳이야. 지금은 '아리랑 위성 5호'를 만들고 있는 중이란다."

우리는 입이 딱 벌어져서 창문에 달라붙었다.

"우와, 대단해요. 그런데 저기에 있는 커다란 기계들은 뭐죠?"

나는 거대한 통과 갖가지 모양의 기계들을 살펴보며 물었다.

"우주의 환경은 아주 가혹해. 태양빛이 비치는 곳은 섭씨 수백 도까지 올라가고, 반대쪽은 영하 수백 도까지 떨어지기도 해. 게다가 우주의 해로운 먼지와 광선은 언제라도 인공위성을 망가뜨릴 수 있어. 그래서 우주로 보내기 전에 가상 환경을 만들어 실험하는 거란다."

<인공위성 개발 과정>

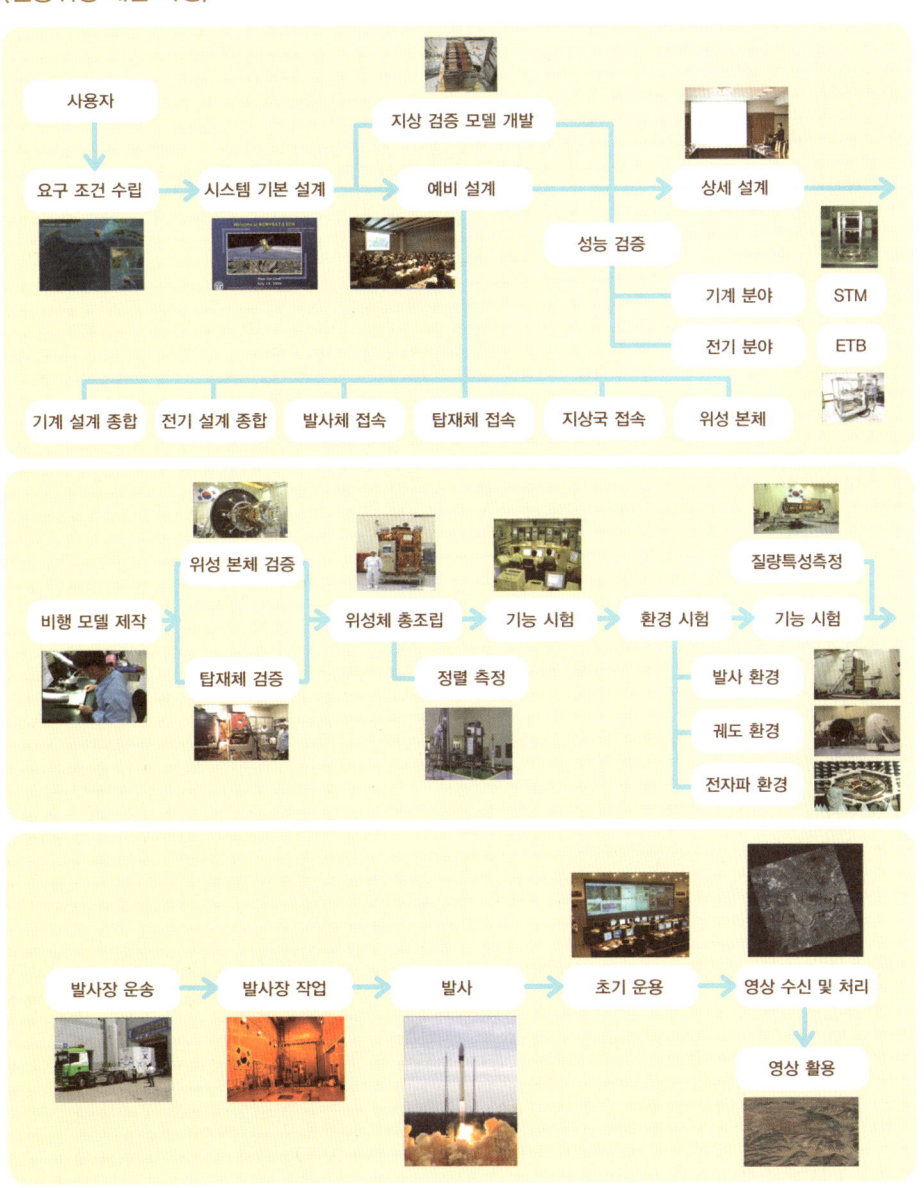

박사님의 설명에 미리내는 놀란 토끼 눈을 했다.

"정말 우주는 무시무시한 곳이군요. 그런 엄청난 곳에 가다니! 우주인은 정말 대단한 것 같아요."

"물론 우주인도 대단하지만, 그러한 우주 환경을 이겨 낼 수 있는 기술을 개발한 인간의 과학이야말로 대단하지!"

박사님의 설명은 아무래도 상관없다는 듯이, 하늘이가 유리창에 바짝 붙어서 물었다.

"좀 더 가까이서 볼 수 없나요? 들어가 보고 싶어요!"

하늘이의 말에 덜컥 겁이 났다. 항공사 견학 때의 사고들이 생각났기 때문이다.

"미안하지만 그건 어렵겠구나. 위성은 아주 자그마한 먼지 하나에도 중대한 결함을 일으킬 만큼 정교한 기계란다. 숙련된 연구자나 기술자가 아니면 함부로 만질 수 없지. 연구원들도 철저하게 준비하고 아주 조심스럽게 기계를 다룬단다."

박사님의 말에 하늘이는 잔뜩 심술이 난 것 같았다.

"그럼 어떻게 해야 연구원이 될 수 있는데요?"

하늘이가 투정 부리듯 말했다.

"우주 공학 분야가 워낙 다양한 기술이 접목되는 분야거든. 그래서 기계, 전자, 전기, 컴퓨터 등 자신의 전공을 착실히 공부해 나가는 것이 중요해. 사실 능력 있는 연구원이 부족해서 외국에서 연구원을 데리고 오는 경우도 있단다. 앞으로 너희 같은 인재들이 우주 분야에서 큰일을 해 줄 것으로 기대하고 있을게. 아, 그리고 한국항공우주연구원에는 연구원만 있는 건 아니야. 기술원, 기능원, 행정원도 있단다."

박사님의 설명에 나도 어서 자라 이 연구원에서 우주를 연구하는 사람이 되고 싶어졌다.

"자, 슬슬 산책이나 나가 볼까?"

박사님을 따라 밖으로 나오니 어느새 비가 그치고 날이 개어 있었다.

인공위성을 조종하는 사람들

"박사님, 그런데 한번 발사한 위성들은 알아서 작동하나요?"

아까부터 궁금하던 것을 용기를 내어 물어보았다.

"아니야. 지상에서 지속적인 관리와 명령을 내려 줘야 해. 지금 가는 곳이 그런 일을 하는 곳이지."

박사님을 따라 10여 분쯤 걸어 한 건물로 들어갔다. 그 안에는 작은 영화관처럼 꾸며진 방이 있었다. 박사님이 버튼을 누르자, 앞에 있던 가리개가 걷히며 세계 지도가 나오는 엄청 큰 화면이 눈앞에 나타났다. 그 아래에는 수많은 컴퓨터가 있었다. 그곳이 바로 인공위성을 조종하기 위해 관리와 명령을 내리는 '중앙 통제실'이었다. 항공사에서 본 통제 센터와 비슷했지만 규모는 훨씬 더 컸다.

"이곳이 바로 인공위성을 통제하고, 조종하는 중앙 통제실이란다."

통제실은 생각만큼 바쁜 모습은 아니었다. 앞자리는 대부분 비워진 상

26 인공위성의 궤도

위성이 지나가는 길을 '궤도'라고 합니다. 위성이 지구의 자전 속도와 같은 '정지궤도'와 높이 1,000km 내외의 저궤도가 주로 인공위성의 궤도가 되지요. 궤도가 크면 클수록 궤도 주기가 길어집니다. 정지궤도는 적도 상공 약 3만 6천km 높이의 궤도입니다. 이 궤도를 도는 위성은 지구 자전 방향으로 지구와 같은 속도로 회전해 지구에서 보면 위성이 항상 같은 곳에 있는 것처럼 보입니다. 저궤도는 대개 남극과 북극을 일정한 각도를 가지고 통과하도록 궤도를 형성하는데 이렇게 하면 특정 지역(위도)을 항상 동일한 시간에 지나게 할 수 있습니다.

27 다단 로켓

여러 개의 로켓을 차례로 쌓아올린 것을 말합니다. 1단, 2단, 3단 등 단이 여러 개로 이루어져 있어 연소가 끝난 단계의 로켓은 분리시켜 버리는 특징이 있습니다. 그러면 무게가 가벼워져 더 빠른 속도를 낼 수 있지요. 인공위성이나 달 탐사선을 쏘아 올리는 우주 로켓은 대부분 3단 로켓입니다.

태였다.

"그렇다면 아무 때나 명령을 내릴 수 있는 건가요?"

내가 물었다.

"그렇지는 않아요. 위성이 명령을 받을 수 있는 범위가 따로 있어요. 위성이 앞의 화면에서 붉게 표시된 테두리 안에 오면 앞으로 위성이 해야 할 일을 미리 조종하는 거지요. 현재 앞줄의 자리가 비어 있는 것은, 지금 위성이 막 궤도²⁶를 지나가서 연구원들이 잠깐 쉬러 갔기 때문이에요."

박사님의 요청에 중앙 통제실에서 온 연구원 한 분이 멋지게 설명해 주었다.

나는 연구원 형을 통해 인공위성이 우주 왕복선을 통해 운반되기도 하지만 대부분 다단 로켓²⁷을 이용해 발사된다는 사실과, 이렇게 발사된 인공위성들은 제 궤도에 들어가 임무를 수행하기 전에 궤도를 조금씩 바꾸는 '미세 조정'이 필요하다는 것도 알게 되었다. 또한, 지구의 중력이 없으면 인공위성은 원심력에 의해 지구 둘레 바깥으로 떨어져 나가게 될 거라고 했다. 반대로 제 속도를 내지 못하는 인공위성이라면 중력 때문에 지구로 추락하게 될 거라고 했다. 그래서 인공위성을 발사할 때 높이와 중력, 속도 등을 정확히 계산해 인공위성이 제 궤도를 제대로 돌 수 있도록 만든다고 했다. 한 치의 실수도 용납되지 않는 일이었다. 또한 인공위성 하나를 개발하는 데 드는 비용이 2,500억 정도라니……. 만드는 사람들의 부담이 얼마나 클까 싶기도 했다.

중앙 통제실까지 모두 보고 난 뒤, 다시 박사님 방으로 돌아가기 위해 복도로 나왔다. 그때 복도에서 모자를 눌러쓴 누나 한 명이 박사님께 반갑게 인사를 건넸다.

"박사님 안녕하세요!"

박사님도 그 누나를 보고는 아주 반가워했다.

"정말 오랜만이네. 여전히 바쁘지. 이소연 박사?"

'이소연 박사라고?'

우리는 놀라서 그 누나를 쳐다봤다. 텔레비전으로만 봤던 우리나라 최초의 우주인, 이소연 누나였다!

"네, 어린이 우주 캠프에 참석했다가 오늘 돌아왔거든요."

이소연 누나가 조금 쑥스러워하며 말했다.

"이 친구들은 전국 로켓 대회 수상자들이야!"

박사님이 우리를 누나에게 소개시켰다. 미리내는 누나에게 찰싹 달라붙었다. 항상 거만한 하늘이도 누나 옆에 슬쩍 붙어서는 휴대폰을 꺼내 사진을 찍기 시작했다.

"언니! 저도 나중에 크면 꼭 언니처럼 멋진 우주인이 되고 싶어요!"

미리내의 말에 누나는 미소 지으며 말했다.

"그렇다면 기회가 조금 더 빨리 올 수도 있겠는걸?"

모두 어리둥절한 표정으로 누나를 쳐다봤다. 그제야 박사님이 머리를 긁적이며 말을 꺼냈다.

"진작 알려 준다는 걸 깜빡했구나! 오늘 아침에 러시아 우주 과학 센터에서 연락이 왔단다."

박사님은 우리의 얼굴을 찬찬히 바라보시며 말을 이었다.

"최초의 어린이 우주인을 선발한다는구나! 물론, 너희한테만 기회를 주는 건 아니야. 우리나라 모든 어린이에게 기회를 주지. 결과가 어찌 되든, 도전하는 것만으로도 분명 좋은 경험이 될 거야."

박사님 말에 모두 입만 벌리고 있었다. 그러다 환호성을 지르며 서로 부둥켜안고 팔짝팔짝 뛰었다.

드디어 나에게도 우주로 나갈 기회가 온 것이다.

궁금타파

인공위성을 만드는 사람들

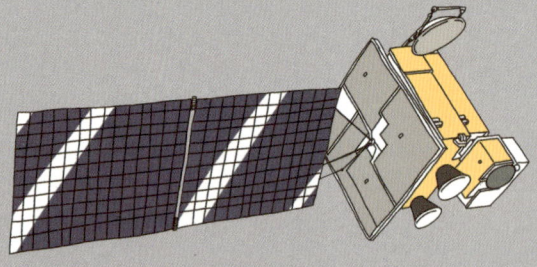

지금 우주에는 우리나라 위성인 아리랑 위성 2호와 천리안 위성 등이 지구를 돌면서 원격 탐사, 기상 관측 등을 하면서 우리가 편리한 생활을 할 수 있도록 돕고 있습니다. 인공위성 하나가 설계되어 제작, 조립, 시험에 이르기까지의 과정에 수많은 사람들이 함께합니다. 인공위성의 본체는 구조계, 열제어계, 자세 제어계, 추진계, 원격 측정 명령계 및 탑재 소프트웨어로 구성됩니다.

하나의 인공위성이 만들어지기까지 얼마나 다양한 분야의 연구원들이 함께하는지 위성 개발 단계를 살펴보겠습니다.

1. 체계-시스템 엔지니어링 연구원

인공위성은 전 분야에 걸쳐 업무를 조율하는 일이 무엇보다 중요합니다. 왜냐하면 인공위성에 부착될 탑재체(인공위성에서 특정의 임무를 수행하기 위해 탑재되는 기기)들로 인해 무한정 무거워지거나, 그 안에 장착할 부품의 양이 무한대로 늘 수는 없기에 최대치를 벗어나지 않도록 각 분야의 치밀한 설계와 진행이 필요한 것입니다.

체계 분야의 연구원들은 전반적인 시스템의 임무들을 분석하고, 각 분야의 요구 사항들을 검증하는 연구를 합니다. 또한 인공위성 개발에 필요한 위성 본체, 탑재체, 지상국과 발사체 접속 등이 원활히 이루어지는지 시스템 설계 전반에 대한 내용을 연구합니다.

2. 제품 보증 연구원

인공위성은 신뢰성과 안전성이 무엇보다 중요합니다. 안전하고 믿을 수 있는 품질을 확보하기 위해선 설계 단계부터 치밀한 연구가 필요합니다. 그래서 설계, 제작, 조립, 시험, 발사 및 운용의 모든 개발 단계에 걸쳐 '제품 보증 연구'라는 것이 진행됩니다. 위성이라는 거대한 제품을 보증하기 위해 신뢰성 분석, 안전성 분석, 오염 해석, 전자 부품 관리, 자재·공정 관리, 형상 관리, 하드웨어·소프트웨어의 품질 보증 등의 세부 분야로 나누어 분석과 연구가 이루어집니다.

3. 구조계 연구원

구조계는 위성 본체의 각 부품과 탑재체인 고해상도 카메라 및 광학 장비 등을 지지하는 역할을 합니다. 이 분야의 연구원들은 인공위성 본체 및 태양 전지판의 구조체를 설계, 해석하고 제작하는 업무를 맡아 합니다. 인공위성의 구조체는 발사할 때와 궤도상에서 가혹한 환경에서 견딜 수 있는지 검증한 뒤 최종 설계를 하고 실제 발사되는 비행 모델을 만들게 됩니다.

4. 전력계 연구원

전력계는 위성에 필요한 전력을 생성하고 공급하는 역할을 하는 곳입니다. 이곳의 연구원들은 안정적인 전력 공급을 위해 전력을 어떻게 조절하고 분배할지에 대해 연구합니다.

5. 탑재 소프트웨어 연구원

위성의 운영은 위성 내부에 탑재되는 소프트웨어를 통해서 합니다. 탑재 소프트웨어 분야의 연구원들은 위성에 탑재된 컴퓨터를 제어하고, 서로 통신을 하고, 위성 안의 각종 정보를 수집하고 처리하는 일을 맡아 연구하게 됩니다.

6. 열제어계 연구원

우주는 진공 상태면서 절대 온도 0도(0K, 섭씨 영하 273도)에 가까운 아주 낮은 온도의 공간입니다. 또한 엄청난 태양열과 우주의 유해한 입자와 광선들이 존재하는 가혹한 환경이라고 할 수 있습니다. 이런 공간에서 위성의 내부 온도가 적절하게 유지되도록 조절해 위성 안에 있는 부품들이 제대로 작동할 수 있도록 연구하는 일을 하게 됩니다.

7. 자세 제어계 연구원

자세 제어계는 위성체의 정교한 자세 제어와 궤도 유지를 담당하는 곳입니다. 이 분야에서는 인공위성의 자세에 영향을 주거나, 중력과 자기장 등 인공위성이 도는 궤도에 영향을 줄 수 있는 요소들이 생기더라도 인공위성이 그것에 영향 받지 않고 제 궤도를 안정되게 돌 수 있도록 제어하는 일을 연구합니다.

8. 추진계 연구원

추진계는 인공위성의 자세 제어에 필요한 추력기 개발 등의 연구를 합니다. 그리고 신뢰성이 높은 추진 시스템을 개발하는 연구도 합니다.

9. 원격 측정 명령계 연구원

원격 측정 명령계는 위성의 상태를 확인하고 지상으로 자료를 보내 주며 지상으로부터는 영상 촬영 등 임무 수행에 필요한 명령들을 받는 역할을 합니다. 이 분야에서는 이에 대한 연구와 탑재 컴퓨터 개발 등을 합니다.

10. 종합 조립 및 시험 연구원

위성은 지상에서 설계되고 제작된 다음, 발사체에 탑재되어 궤도에 진입하여 임무를 수행합니다. 이 분야는 최종적으로 인공위성의 정밀한 조립과 시험을 맡습니다. 실제 환경에서 제대로 작동하는지 검증하고, 다양한 장비에 대한 시험 업무를 맡아서 합니다. 모든 설비들은 청정 시설 안에 설치되어 보다 정밀한 조립과 측정, 시험 등이 이루어집니다.

11. 관제 분야 연구원

위성의 정밀 궤도 결정 및 분석 기술, 정밀 임무 계획 기술, 높은 신뢰성 운영 시스템 기술을 바탕으로 위성이 맡은 임무를 잘 수행할 수 있도록 연구합니다.

12. 영상 처리 분야

위성으로부터 수신 받은 광학 및 전천후 영상 자료를 필요로 하는 사람들이 사용할 수 있도록 처리하고 이를 지원합니다.

다짜고짜 인터뷰

인공위성 운영자

김방엽 연구원

국 사이에 TV 신호를 중계하라'거나, 한국과 일본 사이의 해저 케이블이 고장 났으니 '한국과 일본 사이의 인터넷 통신을 중계하라'는 등의 명령을 보내는 것입니다. 또, 동남아의 어느 화산이 분화할 조짐이 보이니 '앞으로 한 달간 매일 12시부터 한 시간 동안 화산을 촬영하라'는 지시 명령을 보낼 수도 있고, 한반도에 태풍이 통과하고 있으니 이전에 보낸 모든 명령을 취소하고 오늘은 '태풍의 이동 경로를 따라 촬영한다'는 긴급 지시를 보낼 수도 있습니다. 바로 이런 일들을 하는 사람이 '위성 운영자'입니다.

Q1 위성 운영자라니 생소한데요. 현재 하는 일에 대해 설명해 주세요.

지구 주위를 도는 인공위성. 인공위성이 로봇처럼 스스로 알아서 모든 일을 처리할까요? 스스로 원하는 위치로 움직이고 내부의 컴퓨터와 각종 전자 장치를 작동할까요? 그렇지는 않아요.

지상에서 누군가 무선 신호를 보내서 위성이 어디로 가야 하고 카메라를 어디로 돌려서 어떤 사진을 찍어야 하는지를 매일 알려 주어야 해요. 예를 들어 오늘 저녁에 맨체스터 유나이티드의 박지성 선수가 출전하는 경기가 있으니 '저녁 7시부터 9시까지는 우리나라와 영

Q2 하나의 위성을 운영하는 사람은 한 명인가요?

아뇨, 한 사람이 아니고 여러 명이 각자 한 가지씩 담당 분야를 맡아 위성 운영 팀으로 일하고 있어요.
먼저, 위성의 궤도를 계산하고 조정하는 일을 하는 사람이 필요합니다. 위성은 '궤도'라고 하는 정해진 길을 따라 비행하도록 설계되어 있어요. 우주 공간에는 태양의 인력, 지구의 중력 등 위성이 원래 '궤도'를 갈 수 없도록 방해하는 원인들이 작용합니다. 이러한 요인 때문에 어떻게 궤도 조정을 해 주어야 하는지 매일 계산해서 위성에 알려 주는 사람이 필요합니다. 이런 일을 하는 담당자를 '궤도 역학 담당자' 또는 '비행 역학 담당자'라고 합니다.

두 번째로, 위성이 그날그날 해야 할 일을 계획해서 알려 주는 일을 하는 사람이 있는데, '임무 계획 담당자'라고 부릅니다.

세 번째로, 위성 운영 팀의 핵심인 '실시간 운영 담당자'입니다. 이 사람들이 바로 위성에 원격 명령을 보내는 사람들이지요. 실시간 운영 담당자들은 '임무 계획 담당자'가 보내 준 '임무 계획'을 위성의 컴퓨터가 해석할 수 있는 코드로 바꿔서 보내는 일을 합니다.

원격 명령 송신 외에 '실시간 운영 담당자'들의 주요 임무는 바로 '텔레메트리'를 감시하는 것입니다. 텔레메트리는 위성이 24시간 보내오는 정보입니다. 여기엔 위성의 온도 정보와 배터리의 남은 용량 등 수많은 정보가 담겨 있습니다.

마지막으로 위성을 조종하기 위해 지상에 설치한 각종 컴퓨터와 무선 송수신 설비, 안테나와 네트워크 등을 정기적으로 관리하고 점검하는 사람도 필요합니다.

위성의 역할에 따라서 그 위성을 운영하는 데 필요한 사람의 숫자는 크게 달라집니다. 인공위성 한 기를 운영하는 데 필요한 인원은 대략 15명에서 25명 정도이지만 위성이 촬영한 영상을 처리하고 해석하는 인원까지 포함하면 위성 한 기당 30~40명 이상이 필요한 경우도 있습니다. 아주 특별한 경우이지만 우주 정거장처럼 사람이 탑승하는 위성을 운영하는 곳은 백 명 이상의 인원이 필요하겠지요.

Q3 위성을 하루 종일 지켜봐야 하나요?

네, 그렇습니다. 인공위성 운영은 마치 아기 돌보기와 같아요. 하루 24시간, 일년 365일 항시 운영자가 텔레메트리를 보고 감시하고 있어야 합니다. 대부분의 인공위성은 수백 억~수천 억 원의 비용을 들여 제작하기 때문에 위성에 고장이 발생하지 않도록 항상 감시하는 사람이 있어야 하지요.

Q4 위성을 보면 안테나가 빙글빙글 돌던데 그건 어떤 용도인가요?

아마 영화 속에서 본 모습을 보고 하는 질문 같은데, 실제 위성에서는 안테나를 움직이는 일은 거의 없습니다. 우주 공간은 중력이 없기 때문에 안테나를 돌리면 몸체가 반대로 움직여서 임무를 제대로 수행할 수 없어요. 때문에 위성에서는 안테나 또는 태양 전지판을 돌려야 할 일이 생길 때에도 몸체가 반대로 돌지 않도록 조심해서 아주 느린 속도로 돌려야 합니다. 안테나의 방향을 바꾸는 것은 지상의 통신 서비스 지역을 바꿀 때 필요합니다.

Q5 위성을 잘못 운영할 수도 있나요?

자동차를 운전하거나 심지어 비행기를 조종하다가도 실수를 하듯, 인공위성도 물론 실수를 범할 수 있습니다. 단 한 번의 실수로, 다시 복구할 수 없는 큰 피해가 생길 수 있습니다. 그러나 인공위성은 다시 지상으로 가져올 수 없기 때문에 위성 운영 체계에서는 사람의 실수로 인한 오작동을 방지하기 위해 여러 가지 안전 장치를 마련해 두고 있습니다.

위성 운영자로 일하려면 오랜 기간 전문적인 교육과 훈련, 실습이 필요합니다. 대학에서 컴퓨터나 전기, 전자 관련 학과를 졸업하고 위성 운영 실무에 관해 최소 6개월 이상의 집중적인 교육과 훈련을 거친 인원만이 실제 운영 업무에 종사할 수 있습니다.

Q6 위성운영자로서 자부심, 힘든 점에 대해서 이야기해 주세요.

인공위성 운영자란 직업은 아주 드문 직업군에 속하는 특별한 일이에요. 그만큼 희소성에 있어서 자부심을 가지고 있습니다. 힘든 점이라면 뭐니 뭐니 해도 업무상의 작은 실수가 큰 피해를 가져올 수도 있어 늘 긴장해야 한다는 것입니다. 일반적으로 인공위성은 생활 속에 잘 드러나지는 않지요. 평소에는 그 중요성을 잘 못 느끼지만 하늘에 떠 있는 인공위성이 고장 나면 인터넷 회선이 단절되거나 TV 중계, 전화 통신이 두절되고, 일기예보를 할 수 없는 큰 혼란이 일어나게 될 수도 있습니다. 만약 GPS 위성이 일부 고장나거나 문제가 발생하면 우리나라처럼 GPS에 의해 휴대폰이 작동하는 지역에서는 대혼란이 일어날 것이고, 자동차에 달린 내비게이션 장치들은 무용지물이 될 것입니다. 그런 점에서 위성 운영자들은 항상 자부심과 함께 막중한 책임감을 함께 가지면서 업무에 임하고 있습니다.

4 우주, 그 너머를 꿈꾸다

우주편

어린이 우주인 선발 대회에 나가다

며칠 뒤, 박사님의 말씀대로 최초의 어린이 우주인을 선발한다는 공고가 났다. 사람들이 모인 곳이면 어디나 어린이 우주인 이야기로 떠들썩했다.

28 **우주인**
지구 대기권 밖을 다녀온 사람을 가리키는 말입니다. 과학적인 임무를 띠고 우주인 훈련을 받은 뒤 다녀오게 되지요. 우주인은 시력이 맨눈으로 0.1 이상, 교정 시력이 1.0 이상 되어야 하고 키는 150~190cm 사이면 됩니다.

공개 모집의 첫 번째 관문은 서류 심사였다. 나는 내가 우주인[28]이 되어야 하는 이유와 지금까지 간절히 품어 온 소망들을 솔직하게 적었다. 그리고 다행히 서류 심사에서는 무사히 통과되었다. 하늘이와 미리내도 마찬가지였다. 하지만, 그건 시작에 불과했다. 우주인이 되기까지는 수많은 관문이 기다리고 있었다. 평소 운동을 싫어했던 미리내는 3.5km를 달려야 하는 기초 체력 검사에서 떨어졌다. 그리고 영어를 좋아하지 않았던 하늘이는 영어 면접에서 떨어지고 말았다. 난 다행히 방과 후 학교 영어반에서 쌓은 실력으로 간신히 통과했다.

"날 떨어뜨리다니. 분명히 역사적으로 큰 실수를 한 거라고!"

햄버거 가게에서 하늘이가 분하다는 듯 허공에 주먹을 휘둘렀다. 미리내도 풀이 죽어 있었다. 나는 괜스레 미안한 마음이 들었다.

"하지만! 나의 제자가 아직 떨어지지 않은 건, 그간 나의 노력이 아주 헛되지는 않았다는 증거지. 힘내라! 제자!"

하늘이가 엄지를 치켜세우며 말했다. 미리내도 크게 숨을 몰아쉬고는 기운차게 거들었다.

"그래! 우리는 떨어졌지만, 우주 네가 아직 남아 있어서 정말 다행이야! 우주야, 꼭 우주인이 되어야 해. 파이팅!"

미리내의 '파이팅!' 소리에 다른 손님들이 힐끔힐끔 쳐다보았다. 나도 모르게 눈물이 핑 돌았다.

"고마워……, 나 꼭 우주인이 돼서……."

내 말이 끝나기도 전에 하늘이가 남은 햄버거를 입 안에 욱여넣으며 말했다.

"그럼 여기는 네가 쏘는 거지? 이제 우주인도 될 테니……. 누나, 여기 새우버거 세트 하나 더 주세요!"

"전 불고기버거요!"

미리내가 질세라 소리쳤다. 나는 슬쩍 주머니를 뒤져 보았다. 꼭 우주인이 되어야겠다는 다짐을 되새길 수밖에 없었다.

우주인 선발 절차는 생각보다 훨씬 까다로웠다. 먼저, 우주인 선발에는 국제 기준[29] 이라는 것이 있었다. 남은 시험은 우주에 대한 상식 시험과 정밀 신체 검사, 그리고 우주 적응 검사가 있었다. 평소 우주에 대해 관심이 많았고 틈틈이 우주 관련 책들을 읽어 두어선지 상식 시험은 어렵지 않게 보았다. 그리고 신체검사도 무난히 통과했다. 남은 우주 적응 검사에서는 맡은 임무를 완벽하게 해내는 것뿐 아니라, 협동심과 위기 대처 능력도 필요했다. 하지만 나를 응원해 주는 사람들을 생각하니 절대 포기할 수 없었다. 그렇게 모든 시험을 치르고 최종 선발의 날이 되었다.

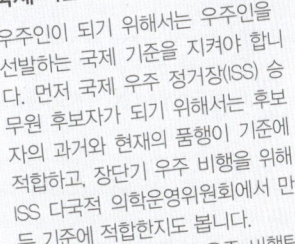

29 우주인 선발 국제 기준

우주인이 되기 위해서는 우주인을 선발하는 국제 기준을 지켜야 합니다. 먼저 국제 우주 정거장(ISS) 승무원 후보자가 되기 위해서는 후보자의 과거와 현재의 품행이 기준에 적합하고, 장단기 우주 비행을 위해 ISS 다국적 의학운영위원회에서 만든 기준에 적합한지도 봅니다.
또한 다문화 환경에서 우주 비행팀의 일원으로 필요한 대화 능력을 갖추어야 하고, 영어로 말하고 읽는 능력, 외국어를 배우려는 관심과 능력 등 언어 능력도 평가합니다.

최종 선발은 텔레비전을 통해 전국으로 생중계되었다. 사회자가 최종 후보자 6명과 차례로 인터뷰를 했다. 남은 아이들은 최종 후보답게 역시나 말도 잘하고 외국어에도 능통했다. 내가 가장 못나 보였다. 내 차례가 다가오자 너무 긴장되었다. 마침내 사회자가 나에게 마이크를 내밀며 물었다.

"박우주 어린이는 왜 우주인이 되고 싶은 거죠?"

나는 너무 떨려서 다리가 후들거렸다. 머릿속이 하얘졌다.

"은하철도를 만들려고요."

순간 객석이 조용해졌다. 이어 여기저기서 웃음이 터져 나왔다. 다른 후보들이 자신만만한 표정으로 나를 바라보았다. 사회자도 당황한 듯한 미소를 지으며 말했다.

"참 재밌는 어린이군요. 왜 그런 엉뚱한 꿈을 꾸게 되었죠?"

나는 더듬거리며 말을 이었다.

"제가 이렇게 말하면 다들 웃어요. 제가 우주인이 되어 은하철도를 만든다고 하면 마치 슈퍼맨이나 외계인이 되겠다고 말한 것처럼 생각하죠. 누구는 이런 공상을 하면

서 크는 게 어린이답다고 말하기도 하고요. 또 누군가는 좀 더 현실적인 생각을 해야 한다고 충고를 하기도 해요. 하지만, 전 다른 사람을 웃기려고 허황된 말을 하는 게 아니에요. 저는 우주 과학자가 되어 우주를 연구할 거라는 꿈과 믿음을 한 번도 버린 적이 없어요. 코페르니쿠스라는 천문학자가 지구가 태양 주위를 돌고 있다고 말했을 때 모두가 그를 미

쳤다고 했죠. 사람은 하늘을 날 수 없다고 생각할 때 라이트 형제는 비행기를 만들었어요. 또 많은 사람이 달에 사는 토끼 이야기에 만족할 때, 암스트롱은 달에 자신의 발자국을 남겼죠. 이 모두가 하나의 꿈과 믿음에서 시작되었다고 생각해요. 그리고 매일 망원경으로 하늘만 바라보던 저도 그 꿈과 믿음 덕분에 이 자리에 설 수 있었어요. 저는 남들보다 뛰어나지도 특별히 잘하는 것도 없는데 말이에요. 제가 잘하는 건 꿈을 꾸고 차분히 한 걸음씩 그 꿈에 다가가는 것뿐이에요."

"아, 각오가 다부진 어린이로군요. 짓궂은 질문이겠지만 만약 최종 선발에서 떨어진다면 마음이 어떨까요?"

사회자가 장난기 어린 얼굴로 질문을 했다.

"전, 우주인이 되어 꼭 우주 비행을 하고 싶지만 만약 최종 선발에서 떨어진다 해도 상관없어요. 왜냐하면 그래도 제 꿈을 포기하진 않을 거니까요. 전 계속 걸어 나갈 거예요. 설사 그 꿈이 달보다 더 멀리 있다고 해도 쉬지 않고 걸어갈 거예요."

그렇게 말을 마쳤다. 사회자와 객석의 사람들이 조용해졌다. 나를 비웃듯 바라보던 다른 후보들도 숙연해진 표정으로 고개를 떨어뜨렸다. 이어서 우리가 받았던 시험의 영상들이 방송되는 사이 국민 투표 집계가 마감되었다. 곧 시험 결과와 국민 투표 결과가 합산되어 최종 합격자가 발표될 차례였다. 사회자가 합격자가 적혀 있는 카드를 건네받았다. 후보자들이 마른 침을 삼켰다. 모든 진행 요원과 카메라맨들도 숨을 죽였다. 전 국민이 이 순간을 지켜보고 있었다. 공기가 너무 무거워서 숨이 막혀 오는 것 같았다.

사회자가 마침내 카드를 열어 단 한 명의 합격자 이름을 크게 외쳤다.

청년의 섬

1961년 4월 12일, 러시아의 우주인 유리 가가린은 보스토크 1호를 타고 1시간 29분 만에 지구를 일주함으로써 최초의 우주인이 되었다. 그리고 그전인 1957년엔 라이카라는 개가 스푸트니크 2호를 타고 우주를 비행했다. 라이카는 우주에서 생을 마쳤다. 수많은 이들의 연구와 희생이 오늘날의 우주 과학을 만들어 냈다…….

나는 컴퓨터 자료들을 좀 더 살펴볼까 하다가, 크게 기지개를 켜며 일어났다. 어린이 우주인 선발 대회가 끝나고 일주일이 지났다.

최종 발표 때를 생각하면 아직도 두근거린다. 마지막까지 가장 점수가 낮았던 내가 최종 국민 투표에서 역전한 것이다. 사회자가 내 이름을 크게 외쳤을 때, 마치 꿈속 같았다. 머리 위로 꽃가루가 떨어지고 사람들이 크게 환호하며 박수쳐 줄 때에야

비로소 실감이 났다. 그리고 수상 소감을 말할 때 나의 마음은 이미 우주 저 끝에 닿아 있었다. 그리고 나는 하루아침에 유명인이 되어 버렸다.

하늘이와 미리내도 진심으로 축하해 주었다. 아빠도 여기저기서 축하 인사를 받느라 정신이 없었다. 바쁜 시간을 보내고 나니 출국 날짜가 코앞으로 다가와 있었다.

나는 아직 감사의 인사를 못 드린 분들을 찾아뵙기로 했다. 그중에는 고물상 할아버지도 있었다.

고물상으로 찾아갔지만, 문이 굳게 잠겨 있었다. 그때 고물상 앞에 멈춰 있던 차에 시동이 걸렸다. 차에는 공 박사님이 타고 있었다. 박사님이 나를 보며 다급한 목소리로 말했다.

"아버지께서 병원에 입원하셨다는구나."

나는 깜짝 놀라 박사님의 차에 올라탔다.

"아버지 걱정에 축하 인사가 늦었구나. 대한민국 최초의 우주인이 된 걸 축하한다."

최초의 어린이 우주인. 축하 받을 일이긴 하지만 지금은 누구보다 할아버지의 안부가 중요했다. 마음을 졸이는 사이 어느새 병원에 도착했다.

"어떻게 되신 거예요? 할아버지."

나는 할아버지를 껴안으며 다짜고짜 물었다.

"넘어졌을 뿐이다. 엉덩이뼈에 금이 좀 갔다는구나."

박사님은 그제야 안도의 한숨을 내쉬며 옆에 있는 의자에 털썩 주저앉았다. 얼마간 병실을 지키던 박사님은 연구소에서 걸려온 전화를 받고는 되돌아갔다. 나와 둘만 남자, 할아버지가 말했다.

"우주야. 사실 이 상처는 영광의 상처란다."

"네?"

할아버지가 가까이 다가와 말했다.

"달걀을 바로 세우는 기계를 만들었거든."

"정말요? 그런데 그게 그렇게 중요한 건가요?"

"우주인 후보가 되었다는 녀석이 그런 것도 모르는 게냐. 수많은 나라가 앞다투어 우주인을 우주로 보내려는 이유가 뭐라고 생각하냐? 그건 바로 달걀을 바로 세울 수 있는 곳엔 새로운 가능성이 있기 때문이야."

나는 고개를 갸웃거렸다.

"우주로 간다니깐 좋으냐?"

"네, 아주 좋아요! 정말 꿈만 같아요."

"뭐가 그리 좋은 게냐?"

할아버지는 다소 시큰둥하게 물었다. 당연히 좋은 것 아닌가?

"우주 과학자인 제 꿈에 가까워진 거 같아 좋아요. 사실 전 너무 답답했어요. 매일 반복되는 생활도, 지긋지긋한 가난도 싫었어요. 그럴 때마다 항상 하늘을 바라보며, 그곳에 가고 싶다는 생각을 했어요. 좀 더 다른 내가 될 수 있을 거 같았거든요."

내 이야기에 할아버지는 뭔가 골똘히 생각하는 듯했다.

"그렇구나……. 우주로 간다는 건 멋진 일이지. 우주야, 넌 섬을 그리워 한 청년 이야기를 알고 있냐?"

"아뇨."

"어느 섬에 한 청년이 살고 있었어. 그 섬이 세상 전부인 줄 알았던 청년은 크면서 섬이 아주 작고 볼품없어 보이기 시작했지. 청년은 해변에 앉아 혼자 있는 시간을 즐겼어. 그리고 섬의 누구와도 말하지 않게 되었단다. 청년의 머릿속은 수평선 너머에 보이는 다른 섬에 대한 생각으로 가득 차 있었거든."

나는 할아버지의 이야기에 조용히 귀를 기울였다.

"청년은 용기를 내 그 섬에 가기로 했단다. 그리고 배를 만들어 바다에 띄웠지. 하지만 얼마 못가 거대한 태풍을 만났고, 배는 물속에 잠겨 버렸단다."

할아버지는 말을 멈추고 기침을 했다. 나는 할아버지의 이야기에 흠뻑 빠져 있던 터라 조바심이 났다.

"그래서요? 그 청년은 섬을 찾았나요? 혹시 죽었어요?"

"그 청년은 해변에서 눈을 떴단다. 그리고 수평선을 보니 여전히 섬이 그

자리에 있는 거야."

"아, 실패한 거군요!"

나는 한숨을 내쉬며 말했다. 내 얼굴을 보고는 할아버지가 인자한 미소를 지으며 말했다.

"청년도 그렇게 생각했어. 하지만, 청년은 자신이 있는 섬을 둘러보곤 뭔가 이상하다는 것을 깨달았지.

섬엔 그를 맞아주는 가족도, 우스갯소리를 들려주는 친구도 없었거든. 섬에는 야자나무와 앵무새, 그리고 바닷게가 전부였단다. 바로 그 섬이 청년이 그토록 동경하던 섬이었던 게야. 그리고 저 멀리 수평선에 보이는 섬은 청년이 원래 살던 섬이었지. 그 이후에 청년이 어떻게 되었을까? 청년은 그 무인도에 갇혀서 평생 자신의 섬을 바라보며 가족과 친구들을 그리워했다는구나."

할아버지는 여기까지 말하고는 피곤하다며 침대에 몸을 누이셨다. 나는 뭐라고 말하기는 어려웠지만, 슬픈 기분이 되었다. 할아버지께 인사를 하고 집으로 돌아왔다.

내일이 되면 우주인 훈련을 받기 위해 러시아로 간다. 청년처럼 태풍이 몰아치는 여행이 되지는 않겠지만, 꽤 긴 여행이 될 것이다.

우주인 훈련을 받다

다음 날, 비행기를 타고 러시아로 갔다. 이번에는 승무원이 아닌 손님으로 말이다. 11시간이나 걸려 모스크바의 국제공항에 도착하니, 내 이름이 적힌 팻말이 눈에 띄었다.

가가린 우주인 훈련 센터[30]에는 나 말고도 각 나라 대표로 뽑혀 온 열 명의 어린이가 더 있었다. 우주인 후보생 어린이들이 모두 모이자, 매부리코에 험상궂게 생긴 아저씨가 엄한 표정으로 인사를 했다.

> [30] **가가린 우주인 훈련 센터**
> 우주 비행사 훈련 센터는 인류 최초의 우주인 유리 가가린을 기념해 1960년 모스크바 인근에 세워진 세계 최대의 우주인 훈련 센터예요. 종합적인 우주인 양성 센터로 러시아뿐 아니라 미국, 유럽, 기타 국가의 수많은 우주인을 양성한 곳입니다. 한국 최초의 우주인 이소연 씨도 이곳에서 훈련을 받았어요. 별의 도시란 뜻으로 '즈뵤즈니 가라독' 또는 '스타 시티'라고도 부른답니다. 현재는 의료 시설, 학교, 영화관, 우체국, 박물관 등 어지간한 도시와 맞먹을 정도의 시설이 갖추어져 있어요. 지금은 개방되어 있지만, 미국과 우주 경쟁을 하던 시절에는 지도에도 표시되지 않던 비밀의 장소였어요.

"난 너희를 우주인으로 훈련시킬 교관 멜라디미르 뻬뜨로비치 뜨로피모프다. 자, 내 이름이 뭐라고?"

아이들은 우물쭈물 이름을 따라 했다. 하지만, 누구 하나 정확하게 말하는 아이는 없었다.

"앞으로 함께 생활해야 하니까 내 이름을 분명히 기억해 두도록! 그리고

너희는 아마 각 나라에서 최고라는 자긍심을 가지고 왔겠지만, 그건 큰 착각이다. 너희는 기껏해야 코흘리개 어린애에 불과해! 당장 멋진 우주복을 입고 우주로 날아갈 생각도 하겠지만, 그것 역시 착각이다. 너희는 뼈와 살을 깎는 모진 훈련을 견뎌야 할 거다. 그렇다고 징징거리거나 약한 모습을 보인다면 당장 짐 싸서 집으로 돌려보낼 테니 그리 알거라! 난 우주인을 키우는 사람이지 우주 관광객을 키우는 사람이 아니니까."

이어서 교관 아저씨는 우주인이 되기까지의 훈련 과정을 설명해 주었다. 정식으로 우주인이 되기 위해서는 기초 훈련, 고등 훈련, 비행 전 훈련까지 모두 3단계의 훈련 과정을 마쳐야 한다. 모든 단계에서 시험을 통과하고 최종 의학 심사에서 합격해야만 러시아의 '국가 유인 비행 심사 위원회'가 주는 우주인 자격을 얻게 되는 것이다.

보통 2년에서 5년 정도 걸리고, 어떤 사람은 17년이나 걸린 사람도 있다고 했다. 나는 내가 대한민국 대표로 뽑힌 우주인인 줄 알았는데, 또다시 험난한 훈련과 경쟁을 이겨 내야 하는 우주인 지원자 중 한 명이었던 것이다.

우리가 탈 우주선은 이소연 누나가 탄 것과 같은 소유즈 우주선[31] 이었다. 소유즈 우주선에는 3명의 우주인이 타는데, 우리는 탑승 과학 기술자의 자격으로 탈 거라고 했다.

다행히도 탑승 과학 기술자의 훈련 기간은 우주선을 조종하는 선장이나 비행 엔지니어 같은 직책보다 짧았다. 가가멜 아저씨와의 힘들고 두근대는 훈련이 시작되었다. 아참, 가가멜이 누구냐고? 우리는 가가린 우주인 훈련 센터와 교관 아저씨의 이름 첫 자를 따서 가가멜이라고 부르기로 했다. 물론 우리끼리 있을 때만 말이다.

31 소유즈 우주선

옛 소련의 유·무인 우주선으로 본격적인 우주 정거장이 설치되기 전에 세워진 최초의 우주 정거장이라고 할 수 있어요. 이 우주선은 326일 동안 우주 공간에 체류한 기록을 갖고 있어요. 첫 발사된 뒤 지금까지 수십 차례에 걸쳐 꾸준히 우주 개발에 참여하고 있어요. 2001년 4월 28일에 발사된 소유즈 TM32는 역사상 최초로 우주 관광객을 태우고 국제 우주 정거장으로 우주 비행을 떠났어요. 소유즈 우주선은 미국의 우주 왕복선 프로그램이 다 끝난 다음에는 지구와 국제 우주 정거장(ISS)의 유일한 연결 수단이 될 것입니다. 러시아 연방우주청과 한국항공우주연구원의 계약에 따라 2008년 4월 8일 한국인 이소연 씨가 탑승한 소유즈 TMA-12호가 발사됨으로써 한국 최초의 우주인이 탄생했어요.

훈련은 체력 훈련과 우주 환경 적응 훈련이 많은 비중을 차지했다.

솔직히 몇 번이고 포기하고 싶었고, 가가멜 아저씨의 호통에 눈물이 날 뻔한 적도 많았다. 하지만, 신기하게도 고비를 넘길수록 몸과 마음은 점점 더 강해져 갔다. 달아나고 싶을 때마다, 피할 수 없으면 즐기라는 말을 떠올렸다. 그렇게 생각하고 훈련을 받다 보니 재미도 생겼다. 회전의자는 놀이공원의 빙글빙글 도는 찻잔 같았고, 비행 무중력 훈련은 자이로드롭보다 아찔했다. 수중 훈련은 구름 위를 걷듯 신비로웠고, 생존 훈련은 야외 캠프를 나온 듯 신이 났다. 그렇게 훈련을 받다 보니 어느덧 세 번의 계절이 바뀌었다. 그리고 그 무렵엔 절반의 아이들만이 남았다.

어느 날, 남은 훈련을 모두 마치고 저녁 늦게 숙소로 돌아왔다. 이상하게도 숙소는 모든 불이 꺼져 있었다. 어떻게 된 거지? 다른 후보생 아이들은 모두 어딜 갔을까? 의아해하며 방에 들어서려는데 갑자기 폭죽이 터졌다. 프랑스에서 온 여자아이가 불이 붙은 케이크를 내 앞에 내밀었다. 뭘까? 내 생일도 아닌데. 그때 가가멜 아저씨가 소리쳤다.

"축하한다! 최초의 어린이 우주인!"

아이들이 환호성을 지르며 축하의 말들을 건넸다.

"축하해! 멋진 우주 비행이 되길 바랄게!" "최초의 우주인은 놓쳤지만, 두 번째는 반드시 내가 될 거야!" "신의 은총이 함께할 거야!"

프랑스어, 일본어, 아랍어 등등이 머리 위를 날아다녔다. 정확하게 무슨 말을 하는지는 몰라도 분명 나를 축하해 주는 말임엔 틀림없었다.

"제가 최초의 어린이 우주인이 되었다고요?"

"그렇단다. 오늘 최종 심사 결과가 나왔다. 박우주, 네가 정말 자랑스럽구

나."

친구들이 짐을 싸서 각자의 나라로 돌아갈 때는 나도 모르게 눈물이 흘렀다. 후보생 친구들은 가가린 우주인 훈련 센터를 떠나기 전에 나에게 각자 나라의 국기가 새겨진 명찰을 선물로 주었다. 나는 그 모든 명찰을 훈련복에 붙였다. 나는 대한민국의 우주인일 뿐만 아니라, 모든 어린이의 염원을 담은 세계의 우주인이 되었기 때문이다.

> **32 러시아 우주인이 발사 전에 하는 일**
>
> 가가린 우주 센터에서는 발사 전에 '추모의 벽'을 방문해 우주 비행으로 숨진 세 명의 우주인에게 붉은 카네이션을 바칩니다. 그리고 유리 가가린 사무실을 방문하여 방문객 리스트에 사인을 하고, 유리 가가린이 우주 비행 전날 밤 머물렀던 통나무집에 들릅니다. 발사 이틀 전에는 이발소에서 머리를 손질합니다. 출발 전날 밤에는 러시아 영화 '사막의 흰 태양'를 감상하며 하루를 마무리합니다. 발사 8시간 전에는 호텔을 나서기 전 샴페인 한 잔씩 마십니다. 혹 못 돌아올지 모른다는 미신 때문에 건배는 하지 않습니다.

우주선 발사일이 코앞으로 다가왔다. 가가멜 아저씨는 러시아 우주인이 발사 전에 하는 일[32]이 있다며 나를 어딘가로 데려갔다.

먼저 우주인의 거리에 위치한 '추모의 벽'을 방문하여 우주 비행으로 숨진 우주인들을 위해 헌화하였다. 어제는 마음을 깨끗이 한다는 의미로 이발소에서 머리를 손질했다. 이것 또한 전통이라고 했다. 이제 우주선 발사일이 하루

앞으로 다가왔다. 일찍 잠자리에 들려 했지만 도무지 잠이 오지 않았다. 숙소 마당을 거닐다가 가가멜 아저씨를 만났다.

"이곳에 있을 줄 알았다."

가가멜 아저씨가 내 마음을 이해한다는 눈빛으로 말했다.

"제가 내일 이 시간엔 우주에 있게 된다니, 도저히 믿기지 않아요."

나는 밤하늘을 올려다보며 말했다.

"넌 기대 이상으로 훌륭하게 훈련을 마쳤어. 어쩌면 넌 지구의 미래를 어깨에 얹고 우주 비행을 하는 걸지도 몰라."

가가멜 아저씨가 진지하게 말씀하셨다.

"에이, 그건 너무 과장이신 거 같은데요."

나는 기분 좋게 웃어 보였다.

"그렇지 않단다. 사람들의 무분별하고 탐욕스러운 개발로 지구는 많이 병들어 있어. 그 결과 이상 기후와 식량난으로 매년 많은 사람이 죽어 가고 있지. 지구를 보존하면서 다른 대안을 찾기 위해 인류는 우주로 활동 범위를 넓힐 수밖에 없단다. 하지만, 우주 개발이란 게 단기간에 되는 것이 아니거든. 너로 인해 새롭게 자랄 인재들이 좀 더 우주에 관심과 꿈을 가질 수 있을 거란다. 너는 그 아이들의 꿈을 안고 우주로 가는 거야!"

가가멜 아저씨의 말에 나는 깊은 책임감을 느꼈다.

"그렇다고 너무 부담 갖지는 말거라. 지금까지 훈련받은 대로 하면 되는 거야. 우주에서 돌아오거든 함께 차라도 마시자꾸나! 그럼 이만 들어가서 자렴. 내일을 위해서 체력을 아껴 둬야지."

가가멜 아저씨의 다정한 미소를 뒤로하고 숙소로 올라갔다. 신기하게도 가가멜 아저씨는 엄한 표정보다 웃는 얼굴이 훨씬 잘 어울렸다.

'고마워요! 멜라디미르 뻬뜨로비치 뜨로피모프 교관 아저씨!'

우주로 네 꿈을 쏴라!

대망의 우주선 발사일이다. 우리의 일거수 일투족은 인공위성을 통해 전 세계로 방송되었다. 나는 함께 비행할 러시아의 코마로프 선장님과 미국의 톰슨 비행 엔지니어 아저씨와 함께 발사장으로 향했다. 발사장에 도착한 우리는 먼저 조립 공장에 들러 우주 비행에 필요한 우주복[33]을 입고 최종 점검을 했다. 그리고 간단한 인터뷰와 선서식 뒤 드디어 소유즈 우주선에 탑승했다. 탑승은 정해진 순서대로 톰슨 아저씨, 나, 그리고 선장님이 탔다. 안전벨트와 무릎 고정대까지 착용하고 나자 우주선의 컴퓨터가 작동하기 시작했다. 그리고 얼마 뒤 로켓에서 오렌지색 불길과 함께 흰 연기가 뿜어져 나오며, 우주선이 떠오르기 시작했다. 처음에는 작은 진동만 느껴졌지만, 차츰 몸이 떨리기 시작하더니 눈을 뜨고 있기가 힘들 정도의 압력이 몸에 가해졌다. 온몸에 쇳덩이가 올려진 것처럼 무겁고 숨쉬기도 힘들었다. 눈을 질끈 감으니

> **33 우주복**
> 우주 공간은 진공, 무중력 상태로 산소도 없고 기압도 없습니다. 그래서 우주복을 입지 않으면 산소 결핍, 체액과 혈액의 증발, 동결로 1분 안에 죽게 되지요. 또한 극심한 온도 차, 방사선, 우주 폐기물과의 충돌 위험도 크기 때문에 우주복은 적당한 압력과 산소를 공급하고 각종 위험으로부터 보호해 주는 중요한 역할을 합니다.

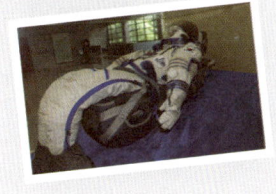

지금까지 받았던 훈련과 소중한 사람들의 얼굴이 스쳐 갔다. 오늘을 위해 얼마나 많은 사람이 각자의 분야에서 땀을 흘려 왔던가? 또 얼마나 많은 사람이 우주에 대한 꿈을 안고 이 장면을 보고 있을까? 이 순간을 내가 얼마나 바라 왔던가? 그 모든 사람의 노력과 기대에 비하면 이런 고통쯤은 아무것도 아니었다.

'나는 이겨 낼 수 있어!'라고 수없이 되뇌는 사이, 몸과 마음이 편안해졌다. 그리고 선장님의 목소리가 들려왔다.

"잘 견뎌 냈구나! 우주에 온 걸 환영한다."

나는 감았던 눈을 떴다. 선장님의 큰 목소리에 눈을 떴지만 웃지 않고는 배길 수 없었다. 선장님 얼굴이 두 배는 커져 있었던 것이다. 내 키도 한 뼘은 자란 것 같았다. 이게 무중력 때문이란 것을 비로소 실감할 수 있었다. 무중력 상태에서는 척추에 작용하는 힘이 없어지기 때문에 키가 5cm 정도 늘어난다는 사실을 책이 아닌, 우주에서 직접 경험해 볼 줄은 꿈에도 상상을 못했다.

그리고 저 너머 눈앞에 펼쳐진 아름다운 광경에 할 말을 잃고 말았다. 푸르게 빛나는 지구가 찬란한 보석처럼 눈에 들어와 박혔다. 나는 한참 동안 지구를 보고 있었다. 고물상 할아버지가 들려준 청년의 이야기가 생각났다. 청년은 나였고, 청년이 그리워한 섬은 지구였다. 왜 청년은 섬에 있을 때 섬의 소중함을 몰랐을까? 아버지와 친구들 얼굴이 떠올랐다. 함께 웃고 울던 시간이 너무나 소중하게 느껴졌다. 정말 소중한 것들은 모두 저곳에 있었다. 푸르게 빛나는 아름다운 지구에.

"정말 멋진 광경이지 않니? 나는 세 번째 비행이지만, 매번 저 광경에 넋을 잃곤 한단다."

34 국제 우주 정거장

국제 우주 정거장은 대형 우주 기지입니다. 지구에서 우주선이나 우주 왕복선으로 사람이나 기자재 등을 우주 정거장으로 옮긴 뒤 다시 정비를 하고 우주로 나서게 되니 본격적인 우주 항해가 시작되는 곳이라고 할 수 있습니다. 국제 우주 정거장은 16개 나라가 참여한 다국적 프로젝트로 총 지휘는 미항공우주국에서 맡았어요. 총 무게 460t, 길이 108m, 부피 1,200m³로 지구상에서는 달과 금성 다음으로 밝은 별처럼 보여요. 인류 최초의 우주 정거장은 러시아의 살류트(Salyut)로써 1971년 4월에 발사되어 유인 우주선인 소유즈 10호와 결합, 우주 정거장을 만들었어요. 총 22명의 승무원이 1,600회의 각종 실험과 관측을 마쳤으며 인간이 오랜 시간을 우주 공간에 적응할 수 있다는 것을 보여 주었습니다.

선장님이 말했다.

우리의 목적지인 국제 우주 정거장[34]까지 가는 데는 이틀이 더 걸렸다.

국제 우주 정거장에 가까워지자 선장님은 우주선 속도를 늦추면서 우주 정거장과의 결합을 시도했다. 결합에 성공하자, 선장님의 지시에 따라 선내 작업복으로 갈아입고 우주 정거장으로 이동했다. 우리보다 먼저 와서 생활하던 우주인 팀이 우리를 반겨 주었다. 그중에 덩치가 큰 흑인 아저씨가 나에게 손을 내밀며 말했다.

"반갑구나. 나는 우주 과학을 연구하는 펄스 박사란다. 앞으로 너와 함께 다양한 연구를 하게 될 거야."

나는 조심스레 박사님의 커다란 손을 잡았다. 박사님은 나의 손을 잡고 힘차게 흔들며 호탕하게 웃어 주었다. 박사님의 검은 얼굴에 밝게 빛나는 하얀 치아가 멋져 보였다. 박사님은 평소엔 매우 호탕하고 기운찼지만, 실험을 진행할 때면 매우 신중하고 꼼꼼했다.

 나는 임무를 수행하기에 앞서 선장님께 우주 정거장 생활에 대한 교육을 다시 받았다.

 "국제 우주 정거장은 90분마다 지구를 한 바퀴씩 돌고 있단다. 그러니까 하루에 16번이나 지구를 도는 거지. 그렇지만 일과는 지구에서와 마찬가지로 24시간을 적용한단다. 그런 만큼 우주에서는 체력 관리가 무척 중요해. 충분한 수면과 운동이 필요해서 따로 시간이 주어진단다. 물론 우주 작업과 연구도 게을리하면 안 되겠지만 말이다."

 선장님의 설명을 듣고 나서 식사를 했다. 그야말로 우주인의 식사[35] 시간이었다. 우리는 각자 좋아하는 음식을 골랐다. 음식은 조리법에 따라 오븐에 데우거나 뜨거운 물을 부어서 먹었다. 나는 우리나라가 개발한 우주 비빔밥을 골랐는데, 다른 우주인들이 한 입씩 먹어 보고는 서로 자기 것과 바꾸자고 하는 바람에 정작 나는 소시지와 완두콩으로 저녁을 때워야 했다. 그나마도 먹던 소

---

35 우주식

우주식은 한정된 공간에 저장해야 하기 때문에 부피와 무게가 작아야 합니다. 또한 장기간 저장해도 썩지 않도록 수분 함량이 5% 이하인 건조 식품 형태가 대부분이지요. 또 소금이나 후추 같은 가루 음식을 먹다가 흘리면 공중에 떠다녀 기계나 우주인의 눈과 코로 들어갈 수 있으므로 조심해야 합니다.

시지가 하늘로 날아오르는 바람에 소시지를 잡으러 한참을 날아다녀야 했다. 물론 그다음부터는 음식이 떠다니지 않게 식탁의 고무줄로 단단히 고정해 놓고 먹었지만 말이다. 식사가 다 끝난 다음에는 음식을 담았던 포장을 압축해서 쓰레기통에 넣은 뒤 화물 우주선에 버렸다. 우주에서의 식사가 아직 적응이 안 된 탓인지, 금세 배가 아파졌다. 이미 지구에서 훈련을 받았지만, 그래도

36 우주인의 용변

우주 변기는 사람이 좌석에 앉았을 때 빈틈없이 꼭 맞도록 제작되어 있어요. 배설물이 밖으로 새는 것을 막기 위해서입니다. 볼일을 마친 뒤 변기 뚜껑을 닫고 밸브를 열면 변기 안의 공기는 우주의 진공 속으로 빠져나갑니다. 그러면서 배설물의 습기는 증발하죠. 완전히 건조된 배설물은 저장 탱크로 이동돼 지구 귀환 과정에서 처리됩니다.

용변[36]을 볼 때는 무척 조심해야 했다. 소시지가 떠다니는 것과 용변이 떠다니는 것은 다른 차원의 문제니까 말이다. 변기에 설치된 벨트로 몸을 변기에 고정한 후 용변을 본 뒤 진공 펌프로 빨아들여서 용변이 떠다니는 것을 막을 수 있었다.

용변을 해결하고 돌아오니, 펄스 박사님이 투명 상자에 들어 있는 개미들을 유심히 바라보고 있었다. 개미들은 영양분이 들어 있는 젤 안에 들어 있어서 따로 먹이를 줄 필요가 없었다.

"박사님 뭘 연구하시는 건가요?"

내가 투명 상자 안을 바라보며 물었다.

"개미의 생태에 대해서 연구 중이란다. 곤충이나 동물 실험을 통해서 인간이 우주에서 살아갈 수 있는지를 연구하는 거지. 앞으로 우주는 인간이 살아가야 할 곳이 될 테니까 말이다."

"네. 우주로 이사하겠다는 사람도 많아질 것 같아요. 또 어떤 실험들을 하나요?"

"우주에서 할 수 있는 실험들은 무궁무진하단다. 동물 실험을 통해 인간이 우주 공간에서 살 수 있는지를 연구하기도 하고, 새로운 물질을 개발하기도 하지."

박사님이 하얀 이를 드러내며 웃었다.

"새로운 물질을 개발한다고요?"

"그렇단다. 우주에서는 지구에서 개발할 수 없는 물질을 만들어 낼 수 있어. 예를 들어, 물과 기름을 섞으면 어떻게 되지?"

"물과 기름은 서로 섞이지 않잖아요."

"정말 그럴까?"

박사님은 물이 들어 있는 밀폐된 실험 용기에 조심스럽게 기름을 넣었다. 놀랍게도 물과 기름은 분리되지 않고 하나로 섞여 버렸다.

"어떻게 이럴 수 있는 거죠?"

내가 놀라서 묻자, 박사님이 자세히 설명해 주었다.

"바로 중력이 없기 때문에 가능한 거야. 우주에서는 지구라면 절대 섞일 수 없는 납과 알루미늄을 혼합해서 새로운 금속을 만들어 낼 수도 있고, 순도가 높은 반도체를 생산해 낼 수도 있지. 앞으로 너처럼 가능성 있는 우주 과학자가 많이 나온다면, 미래에 필요한 특수한 재료도 만들고 암 같은 난치병을 치료할 수 있는 약도 개발해 낼 수 있을 거라 생각해."

"달걀을 깨뜨리지 않고 세우는 것이 그래서 중요했군요!"

고물상 할아버지를 생각하며 나는 미소를 지었다.

나는 펄스 박사님의 연구를 도와 '우주에서의 식물 성장에 관한 연구'를 하게 되었다. 지구에서 가져온 콩나물을 연구소에 설치된 조명 아래로 옮겨 심었다. 그리고 매일 콩나물의 성장에 관한 관찰 결과를 적어 나갔다. 우주에서도 식물들을 키울 수 있거나, 새로운 식물들을 만들어 낼 수 있다면 아프리카에서처럼 굶어 죽는 아이들이 줄어들지도 몰랐다.

펄스 아저씨와 연구도 하고, 남은 일정도 바쁘게 마치고 나니, 몹시 피곤했다. 잠을 자기 위해서는 벽에 붙어 있는 침낭으로 들어갔다. 우주인의 수면[37]은 마치 애벌레 같다.

우주 정거장에서는 45분마다 해가 뜨고 지기 때문에 창문을 가리고 안대를 꼈다. 또한, 우주 정거장은 끊임없이 작동하는 거대한 기계이기 때문에 소음도 그치지 않는다. 그래서 귀마개까지 끼우고 나서야 편하게 잠을 잘 수 있었다.

아침에 일어나서는 지구와 마찬가지로 세수를 하

37 우주인의 수면
무중력 상태에서는 지구와 달리 몸에 가해지는 압박이 없습니다. 그러나 몸이 움직여 떠다니는 것을 막기 위해서 벽이나 의자에 몸을 고정시켜야 해요. 침낭을 고정시켜 그 안에서 잠을 잡니다. 이 모습이 마치 애벌레 같아 보입니다.

고 옷을 갈아입는다. 하지만, 우주 정거장에서는 샤워가 쉽지 않다. 물이 아주 귀하기 때문에 물이 필요 없는 샴푸와 치약으로 씻는다. 샴푸는 머리를 감고 수건으로 닦아 내기만 하면 되고, 치약은 닦은 뒤 그냥 삼키면 되었다. 이를 닦고 있는데 갑자기 요란한 사이렌이 울려 댔다. 우주 정거장에 비상사태가 발생한 것이다. 나는 치약을 꿀꺽 삼키고는 조종실로 달려갔다. 이미 위기 대처 훈련을 받았기 때문에 침착할 수 있었다. 그곳에는 이미 다른 우주 비행사들이 모여 컴퓨터로 여러 부품과 기계를 확인하고 있었다. 선장님께서 안도의 한숨을 내쉬며 말했다.

"다행히 큰일은 아니고 우주 쓰레기 때문에 태양 전지판 일부가 망가졌구나. 오늘 우주 작업 일정은 태양 전지판을 수리하는 것으로 조정해야겠어."

"우주 쓰레기가 우주 정거장을 망가뜨릴 정도로 위험한 건가요?"

내가 놀란 마음을 진정시키며 말했다.

"우리는 우주 쓰레기가 떠다닌다고 표현하지만, 사실은 떠다니는 정도가 아니라 총알보다 빠른 속도로 우주 공간을 날아다니고 있단다. 작은 나사못 하나도 우주 공간에서는 엄청난 무기가 될 수 있는 거지. 물론 국제 우주 정거장은 그러한 위험에도 끄떡없도록 지어졌다만, 항상 조심해야 하지."

선장님이 차분히 다른 문제가 없는지 살펴보며 말했다.

"언젠가는 우주를 청소하는 우주 청소부가 필요할지도 모르겠군요?"

내가 물어보자, 선장님이 나를 돌아보며 말했다.

"아마 그럴 거야. 우주 쓰레기는 분명히 골치 아픈 문제거든! 자, 톰슨 항해사는 지금부터 태양 전지판 교체 작업을 실시합니다. 그리고 우주는 톰슨 항해사를 도와서 작업하도록! 각자 위치로 해산!"

선장님의 지시에 각 우주인은 일사불란하게 움직였다. 오직 나만 무엇을 해야 할지 몰라 망설이고 있었다. 톰슨 아저씨가 기지개를 켜며 말했다.

"그럼 우린 우주로 나가 볼까?"

"우주로 나간다고요?"

나는 입이 떡 벌어졌다.

우주로 나가기 위해서는 '올란'38이라 불리는 선외 우주복을 입어야 했다. 이 우주복 안에는 우주 공간에서 일할 수 있는 장비가 갖춰져 있어서 마치 조그만 우주선과 같았는데 그 우주복 하나의 가격이 수억 원이나 한다고 했다.

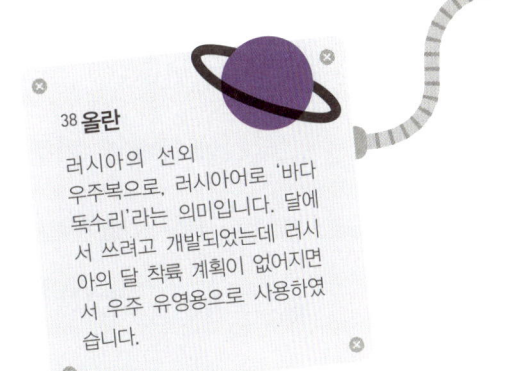

38 올란
러시아의 선외 우주복으로, 러시아어로 '바다 독수리'라는 의미입니다. 달에서 쓰려고 개발되었는데 러시아의 달 착륙 계획이 없어지면서 우주 유영용으로 사용하였습니다.

39 프로그레스 호
사람이 타지 않는 무인 우주 화물선입니다. 우주인에게 필요한 물건을 전달해 주거나, 우주 정거장에서 나온 쓰레기와 불필요한 물건을 싣고 지구 대기권에서 불태워 버리는 일을 합니다.

우주로 나간다니, 마음이 설레기도 했지만 동시에 큰 용기가 필요하기도 했다. 해치가 열리고 마침내 우주로 한발 내디뎠다. 우주 미아가 되지 않기 위해 연결 줄과 발걸이에 의지해 조심스레 작업이 이어졌다. 내가 지금 우주에 나와 있다니! 너무 황홀해서 금세 깨어 버릴 꿈을 꾸는 듯했다. 하지만, 정신을 바짝 차려서 무사히 작업을 마무리했다.

오늘은 프로그레스 호³⁹가 오는 날이다. 모든 우주인이 잔뜩 기대에 차서 프로그레스 호에서 짐들을 꺼냈다. 펄스 박사님이 그중에서 가장 큰 짐을 내게 내밀었다.

"이건 너한테 온 거구나!"

나는 잔뜩 기대에 차서 상자를 열어 보았다. 상자에는 수많은 편지와 과자들, 그리고 비디오테이프가 들어 있었다. 편지들은 전 세계의 수많은 어린이가 보내온 것이었다. 내가 읽지 못하는 언어로 쓰인 편지는 다른 우주인의 도움을 받아서 읽었다. 편지마다 격려와 부러움, 그리고 우주에 대한 궁금한 것들을 물어보는 내용이 적혀 있었다. 누구에게도 관심을 받지 못해 투명인간이라고 생각했던 내가 전 세계 어린이들의 친구가 될 수 있다니. 너무 감격스러워서 눈물이 고였다. 그리고 비디오테이프를 틀자 그리운 친구들과 아빠의 모습이 나타났다. 다들 밝은 모습으로 나를 응원해 주었다. 미리내는 기념품을 사 오라는 말을 잊지 않고 덧붙였다. 이렇게 멀리 떨어져 있는데도 마음만은 바로 옆에 있는 것처럼 가깝게 느껴졌다. 나는 결국 눈물을 흘리고 말았다.

일주일간의 국제 우주 정거장 생활을 마치고 지구로 돌아가야 하는 날이 왔다. 집으로 돌아간다는 생각에 기쁘기도 했지만, 한편으로는 정든 국제 우주 정거장을 떠나는 것이 섭섭하기도 했다. 우리는 우주로 날아오를 때와 마찬가지로 우주복을 입고 몸을 좌석에 고정시켰다. 돌아갈 때는 우주 정거장과의 결합 시간이 필요 없어서 3시간 30분만에 지구에 도착할 수 있었다. 3시간 뒤 우리가 타고 있는 캡슐이 분리되고 나머지 기계 부분은 우주 정거장 쓰레기와 함께 대기권에서 불타 없어졌다. 우리의 캡슐도 화염에 휩싸였다. 눈앞에서 불똥이 튀는 것을 보니, 겁이 나서 심장 뛰는 소리가 귀까지 들려

왔다. 하지만, 나는 이미 우주인이란 생각으로 이를 악물고 견디고 나니, 지구 너머로 푸른 하늘이 보였다. 그리고 캡슐에서 낙하산이 펼쳐지며 마침내 땅에 착륙했다. 나는 미리 대기하고 있던 귀환 팀의 도움을 받아 지상으로 나왔다. 폐 깊숙이 지구의 공기가 들어차자, 그제야 지구로 돌아왔다는 게 실감이 났다.

가장 행복한 곳은 지금 여기!

지구로 돌아와서는 정신없는 시간이 이어졌다. 온갖 인터뷰와 행사에 참여했고 이소연 누나와 함께 어린이 우주 캠프를 다녀오기도 했다. 많은 아이들이 나에게 질문을 했고, 친구가 되기를 원했다.

"박우주, 나보다 더 인기가 좋은걸!"

이소연 누나가 웃으며 말했다.

"전 아직 누나처럼 많은 연구를 해내지도 못한걸요."

내가 부끄러워하며 말했다.

"네가 쓴 우주 식물 성장에 관한 관찰 기록을 보았어. 정말 성실하게 잘 관찰했더구나. 아마 네 연구 결과는 앞으로 식량 부족으로 고통 받는 많은 사람들에게 희망이 될 거야. 나중에 훌륭한 우주 과학자가 되더라도 나를 잊으면 안 된다."

이소연 누나가 눈을 찡긋해 보였다. 나도 모르게 얼굴이 빨개졌다.

그렇게 바쁜 날들이 한 달이 넘게 이어졌고, 모처럼 휴식 시간이 찾아왔다. 나는 집에서 늘어지게 잠도 자고 컴퓨터도 했다. 그러다 거실에서 텔레비전을 켜니 최초의 어린이 우주인, 나에 대한 특집 방송이 나오고 있었다. 내가 훈련받고 우주에서 생활한 내용이 전파를 타고 있었다. 이윽고 우리 학교의 모습이 나오더니, 하늘이가 불쑥 얼굴을 들이밀었다. 기자 누나가 하늘이에게 마이크를 가져다 대며 물었다.

"박우주 우주인은 어떤 어린이였죠?"

하늘이가 평소의 거만한 태도로 말했다.

"우주는 사실 아주 겁이 많고 소심한 아이였어요. 그래서 제가 옆에서 항상 도와줘야 했죠. 저로 말할 거 같으면, 저희 아빠는 항공사의 아주 높은 분으로, 전 이미 유럽은 물론……."

기자 누나가 재빨리 그 옆에 서 있던 여자아이에게 마이크를 가져다 댔다. 하늘이의 투덜대는 소리가 들려왔다. 이번에는 미리내의 얼굴이 화면 가득 나타났다.

"음……, 세계 최초의 어린이 우주인이 되는 것도 물론 대단한 일이죠. 하지만, 저는 지구에서 가장 아름다운 스튜어디스가 될 거거든요."

하늘이의 투덜대는 소리와 미리내의 아름다운 스튜어디스 타령을 배경으로 기자 누나가 재빨리 마무리했다.

"이상으로 최초의 어린이 우주인이 탄생한 화성초등학교에서 오선수 기자였습니다."

나는 텔레비전을 끄고 창밖을 바라봤다. 늦은 저녁 시간이라 그런지 거리에는 사람들도 없었다. 나는 집에서 나와 동네 입구까지 걸어갔다. 그곳에서 조금 기다리니 저만치 걸어오는 아빠의 모습이 보였다.

아빠의 입에서는 막걸리 냄새가 났다.

"우리 우주인 아들!"

아빠가 나의 볼에 얼굴을 비비시며 말했다. 아빠의 수염 때문에 얼굴이 따끔거렸다.

"우리 아들 때문에 아빠도 유명 인사가 되었네. 하지만, 가장 기쁜 건 네가 최초의 우주인이 되어서도, 유명해져서도 아니야. 내 아들이 이렇게 건강하게 돌아와 준 것이 아빠는 가장 기쁘구나! 자, 오랜만에 목말 태워 줄까?"

"안 돼요! 그러다간 아빠 목 부러져요. 엄청 무거울 거라고요!"

내가 손을 내저으며 말했다.

"이 녀석! 우주인 되었다고 아빠를 얕보는 거야? 아직은 너 목말 태울 기운은 남아 있단다, 윤석아!"

나는 집까지 아빠의 목말을 타고 왔다. 우주선을 타고 우주로 날아갔을 때보다 하늘과 더 가까이 있는 느낌이었다. 달에 머리가 닿을 것만 같았다.

"아빠, 전 나중에 꼭 훌륭한 우주 과학자가 될 거예요."

나는 하늘을 올려다보며 말했다.

"당연히 그래야지. 꼭 그렇게 될 거다. 암, 그렇게 되고말고!"

"그래서 우주에 은하철도를 만들 거예요. 그때가 되면 꼭 아빠가 그 열차를 운전해 주셔야 해요."

"그거 정말 멋지겠구나!"

아빠와 나는 마주 보며 웃었다. 우주의 수많은 별 중에 가장 아름다운 별. 그곳에 살고 있는 아빠와 나의 머리 위로 밝게 빛나는 별똥별이 길게 꼬리를 늘어뜨리며 떨어졌다.

궁금타파

우주 관련 직업에는 무엇이 있을까?

우리나라에는 아직 유인 우주선이 없습니다. 우주와 관련된 직업들은 아쉽게도 우리나라에서 쉽게 찾아볼 수 있는 직업은 아닙니다. 하지만 첫 번째 우주인이 탄생했고, 다양한 분야의 우주 개발이 이루어지고 있으니 이 책을 읽을 친구들이 어른이 되었을 때는 좀 더 다양한 우주 관련 직업들이 생겨날 것입니다.

우주 관련 직업 가운데 가장 먼저 떠올릴 수 있는 것이 우주인일 것입니다. 우주인은 특수한 우주 환경에서 생활하도록 특수 임무를 맡은 사람이기 때문에 아주 엄격한 기준을 적용해 선발하게 되지요.

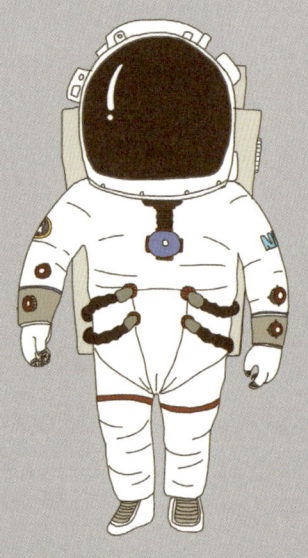

우주인은 크게 네 종류로 나눠요.

첫 번째는 우주 비행사입니다. 우주 비행사는 비행 업무를 총체적으로 책임지지요. 두 번째는 비행 엔지니어(미션 스페셜리스트)입니다. 이들은 승무원 활동 계획 등 전반적인 사항을 조정합니다. 세 번째는 탑승 과학 기술자(페일로드 스페셜리스트)로 우주 정거장에서 실험을 담당하는 과학자를 뜻합니다. 그밖에 방문 과학자, 우주 관광객이라 불리는 상업적 승객 등 일시적으로 우주를 찾는 사람들도 있지요.

우주를 연구하는 사람이 되고 싶은 어린이들 중에는 우주에 직접 가서 활동하는 우주 비행사를 꿈꾸는 친구들이 많을 것입니다. 우주 비행사는 크게 세 종류로 나뉩니다.

먼저 선장과 조종사로 구성되는 '우주선 조종사'가 있습니다. 과학이나 수학 관련 학과를 나와야 하고 제트기 조종사로서 1,000시간 이상 비행한 경험이 반드시 필요합니다.

다음으로 로봇팔 조작이나 우주 왕복선 시스템을 운영하고, 우주선 바깥에 나가서 하는 활동을 담당하는 '임무 전문가 우주 비행사'가 있습니다.

세 번째는 전문적인 지식이 필요한 특수 실험 장비나 특정 국가의 화물이 우주선에 실릴 때 이를 위해 탑승하는 '화물 전문가 우주 비행사'가 있습니다.

현재 우리나라는 유인 우주선이 없기에 다른 나라 우주선을 타야만 하지요. 예를 들어 우리나라 사람이 미항공우주국(NASA)에서 뽑는 우주 비행사가 되려면 미국 시민권자여야 하는 등의 제약이 있습니다. 미국이나 러시아 모두 우주 비행사가 되려면 갖춰야 할 조건이 있습니다. 여기에서는 미항공우주국의 비행 임무 전문가 우주 비행사 후보자로 선발되기 위해 필요한 자격 사항을 살펴볼게요. 먼저 비행 임무 전문가 우주 비행사의 경우 첫째, 공인된 교육 기관의 공학, 생물학, 물리학, 수학 학사 학위를 갖고 있어야 하고, 최소 3년 이상의 경력이 있어야 합니다.

둘째, 미항공우주국이 정해 놓은 우주 신체 등급을 통과해야 합니다. 시력은 맨눈으로 0.1 이상, 교정 시력이 1.0 이상 되어야 하고 키는 149~193cm 사이면 됩니다.

시험 비행 조종 우주 비행사의 경우는 최소 1천 시간 이상의 제트 비행기 조종 경력이 있어야 하는 등의 조건이 있습니다.

물론 미항공우주국의 직원들이 모두 우주 비행사는 아닙니다. 과학자로서는 기상학자, 물리학자, 생리학자. 생물학자, 수의사, 의사, 지질학자, 천문학자, 심리학자, 영양학자 등이 있고, 기계, 산업, 시스템 공학, 석유, 환경, 토목, 컴퓨터, 화학, 항공 우주 분야의 엔지니어도 일하고 있습니다. 또한 수학자나 시스템 분석가, 통계학자 들도 필

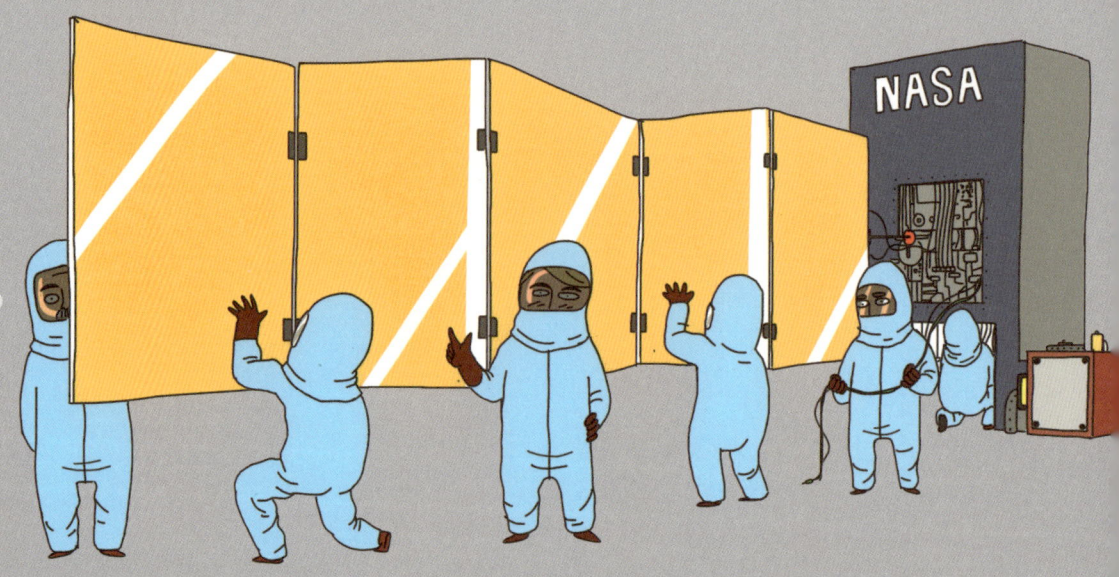

요합니다.

우주 비행사가 되기 위해선 과학과 공학에 대해 꾸준히 관심을 갖는 것이 필요합니다. 우주 탐사는 거의 모든 과학이 연관되어 있다고 해도 과언이 아니니까요.

우주 비행사에게 무엇보다 중요한 것은 협동심입니다. 우주선이라는 특수한 공간에서 함께하는 사람들과 원만한 관계를 유지할 수 있는 마음가짐이 중요합니다.

전문가들은 우주 비행사뿐만 아니라 앞으로는 우주 관련 직업이 더욱 다양해질 것으로 전망합니다. 우주복을 개발하는 우주복 디자이너, 우주인의 건강을 챙기는 우주 의료 전문 의사, 우주 비행에 대한 소감을 대중에게 전하는 우주 전문 작가, 우주 체험관을 찾는 관람객들에게 우주에 관한 다양한 정보를 제공하는 우주 체험관 코디네이터, 국제 우주 정거장 운영자 등도 우주와 관련된 직업이니 나의 관심이 어디에 있는지 살피고 우주를 향해 도전해 보는 것은 어떨까요?

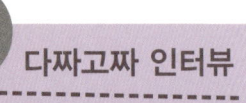

다짜고짜 인터뷰

NASA 한국인 과학자

미국항공우주국(NASA)
신재원 박사

Q1 어린 시절 박사님의 꿈은 무엇이었나요?

어릴 땐 부모님이 커서 의사가 되면 좋겠다고 해서 막연히 의사가 되고 싶다는 꿈을 꾸었지요. 당시에는 의사가 사회적으로 존경도 받고, 돈도 잘 버니 부모님도 좋은 직업이라 생각하셨나 봐요. 전 어릴 적엔 노는 것을 무척 좋아하는 평범한 아이였지만 의대에 들어가려면 공부를 잘해야 한다기에, 공부도 소홀히 하지 않으려고 노력했답니다.

대학 입시를 준비하면서, 장래에 대해 좀 더 진지하게 생각하게 되었어요. 그러면서 내린 결론은 의학 보다는 공학이 제 적성에 더 맞다는 생각이었어요. 학교에서도 화학이나 생물보다는 물리나 수학이 훨씬 더 흥미롭게 느껴졌거든요.

Q2 어린 시절의 관심과 잘했던 것이 지금의 일과 관련이 있는지 궁금해요.

제가 초등학생이던 1969년, 아폴로 11호가 달에 착륙을 한 큰 사건이 있었어요. 인공위성을 통해 전 세계로 중계되었는데, 저도 이 역사적인 광경을 보았습니다. 그땐 그게 얼마나 큰 업적인지를 잘 몰랐지만 신문이나 방송을 보면서 참 놀라운 일이 벌어지고 있다고 생각했습니다. 사회 분위기 때문인지 당시에는 UFO에 관한 소문도 많았고, 우주에 관심을 갖는 사람들도 많았어요. 저도 예외는 아니었고요. 어린 나이지만 '모든 사물은 그것을 담는 공간 안에 존재하는데, 그렇다면 그 넓디넓은 우주 전체를 담는 공간은 어디에 속한 것일까?' 하는 질문을 했던 기억도 납니다.

전 특히 비행기에 관심이 많았습니다. 그 무거운 비행기가 어떻게 해서 하늘을 날 수 있는지가 늘 신기하게 느껴졌거든요. 사물이 어떤 원리로 돌아가고 있는지 알고 싶어했던 어릴 적 호기심이 나중에 공학 공부를 하고 연구 생활을 할 때 많이 도움이 된 것 같습니다.

Q3 세상의 수많은 분야 중에 과학자가 되기로 결심한 나만의 특별한 계기가 있다면요?

특별한 계기는 없어요. 의대보다는 공대에 가기로 결심한 뒤에 공학 중에서는 기계 공학이 가장 광범위하게 적용되는 것 같아서 전공으로 선택했습니다. 나중에 미국 유학을 와 보니, 미국의 기계 공학은 이미 상당 부분 항공 우주 분야와 관련된 연구를 하고 있었습니다. 어릴 때 가졌던 비행기에 대한 관심이 자연스럽게 항공 분야 쪽 공부를 하도록 이끌었던 것 같습니다.

Q4 현재 NASA의 항공 우주 부문의 최고 책임자로 일하시잖아요. 일하면서 느끼는 가장 큰 보람은 무엇인가요?

미국뿐만 아니라, 전 세계에서 매우 중요한 교통 수단이 된 항공 분야에서 일을 하면서 기쁨을 느낄 때가 종종 있습니다. 그중에서도 제가 직접 연구한 결과와 그동안 관리하고 추진해 온 기술들을 통해 더 안전한 비행기를 만들고, 여행 시간을 단축하며, 비행기로 인한 환경 오염도 줄이고 있다는 사실일 것입니다. 더 안전하게, 더 빨리, 더 편하게 여행할 수 있는 미래의 비행기 개발에 필요한 기술을 연구하는 일에 총책임을 가지고 있다는 것에 큰 보람을 느낍니다.

Q5 박사님이 현재의 자리에 오르기까지 어려운 일도 많았을 것 같아요.

1982년 미국 생활을 시작하며 언어 장벽을 뛰어넘는 것이 가장 힘들었습니다. NASA에 들어온 뒤에는, 연구직에서 첫 관리직에 뽑힌 뒤 약 1년이 가장 힘들었던 시간입니다. 그때, 저를 뽑은 상관이 이렇게 조언했습니다. "이 자리에 뽑힌 것은 전적으로 너의 실력 때문이야. 하지만 네가 동양인이기 때문에 뽑혔다고 생각하는 사람들이 너의 일거수, 일투족을 눈여겨볼 테니. 이제부터는 너는 어항에 있는 물고기라고 생각해라."
실제로 몇몇 사람들이 저에 대해 편견을 가지고 대하는

일이 생겼습니다. 하지만 저는 실력으로 인정받기 위해 노력했고, 그것을 인정할 수밖에 없는 상황이 되니 그때서야 저의 위치를 인정해 주더군요.

하는 자세도 중요합니다. 마지막으로 개인적으로 돈을 많이 벌거나, 이름을 날리겠다는 기대보다는 과학과 공학으로 사회에 공헌하고 싶다는 의지가 있는 것도 중요합니다.

Q7 항공 우주 분야에서 일하고 싶은 어린이들에게 조언을 해 주신다면요?

앞서 말한 대로 항공 우주 분야는 과학과 공학이 어우러진 최첨단 기술 분야입니다. 이런 분야에서 신기술을 개발하려면 참을성 있고 꾸준해야 합니다. 기초가 없이 단기간에 고급 기술 인력을 키워 낼 수 없고, 재정적인 투자만 늘린다고 될 일도 아니기 때문입니다. 그러므로 좋은 계획을 세워서 꾸준하게, 참을성을 가지고 처리해 나가는 습관이 큰 도움이 되리라 생각합니다.

둘째로 튼튼한 기초를 만들어 가는 것도 매우 중요합니다. 기초 없이 잠시 동안의 노력만으로 큰 성과를 낼 수 없다는 것을 아마도 수학을 공부하면서 느꼈을 것입니다. 수학은 오래전부터 관찰하고 연구해 증명된 법칙이나 원리, 서로 약속해 놓은 논리와 방식을 토대로 이루어 놓은 학문이니, 처음부터 이런 법칙, 원리, 논리, 약속들을 정확하게 이해하고, 차근차근 익히는 것이 중요합니다. NASA가 현재 최첨단 기술을 개발하며 놀라운 업적을 이루는 바탕에는 100년 전부터 시작해 온 기초 과학과 항공 연구의 튼튼한 기초가 있었기에 가능한 것임을 기억하시기 바랍니다.

셋째는 나의 생각을 정확하고 조리 있게 표현할 수 있

Q6 NASA에서 일하는 한국인이 많나요? 그곳에서 일하려면 어떤 마음가짐이 필요할까요?

NASA 정직원의 숫자는 약 만 팔천 명 정도 되는데, 그 중에서 한국인의 숫자는 0.5%도 안 될 것입니다. NASA는 최첨단 항공 우주 기술과 우주선, 인공위성 등을 개발하는 기관입니다. 이곳에서 일하고 싶은 꿈을 꾸는 친구들이라면 첫째, 연구 개발하는 일이 적성에 맞아야 합니다. 이런 이유 때문에 다른 정부 기관에 비해 석사, 박사 학위 취득자의 비율이 월등히 높습니다. 그러므로 과학, 공학 분야에서 석사나 박사까지 공부하는 것이 필요한 기관입니다. 또한 이 분야의 연구 개발은 단시간 내에 이루어지는 것이 아니기에 참을성 있게 꾸준히 노력으며, 다른 사람의 의견을 잘 듣는 습관을 기르시길 바랍니다. 모든 분야에서 전문가가 되는 것은 불가능한 일입니다. 그래서 많은 첨단 기술은 거의 다양한 분야의 전문가들이 한 팀이 되어 함께 일하며 개발되는 것입니다. 이런 상황에서 자기의 전문 분야만 내세우며 남의 분야를 무시하고 그들이 공헌해야 하는 부분들을 귀담아듣지 않는다면, 그 팀에서 가치 있고 성공적인 기여를 할 수 없을 것입니다.

넷째는 학교 성적만을 위한 공부 벌레가 되기 보다는 자신을 여러 방면으로 균형이 잡힌 '전체적인 사람(wholesome person)'으로 만들어 가는 것이 중요합니다. 내 이익을 극대화하는 것이 최고 가치가 아니라는 것을 깨달아야만 국가와 사회에 큰 공헌을 할 수 있는 인재로 자라날 수 있기 때문입니다.

Q8 최초의 한국인 우주인이 탄생했어요. 우주인이 되고 싶어 하는 어린이들에게 꼭 해 주고 싶은 말이 있다면요?

지구에도 환경 오염, 기아, 질병 등 해결해야 할 문제가 수없이 많은데, 왜 우주 탐험과 우주선 개발 등에 그렇게 많은 돈을 써야 하냐는 질문을 가끔 받습니다. 사실 이런 관점에서 득실을 비교하자면 우주 개발에 쓰이는 돈이 낭비라고 생각할 수도 있습니다. 하지만 저는 지구에 사는 인류가 당면하고 있는 문제를 해결함으로써 얻는 성과나 이익을 우주 개발에서 얻는 성과나 이익과 비교하는 것은 별 의미가 없다고 봅니다. 왜냐하면 추구하는 목적이 근본적으로 다르기 때문입니다.

우주 개발은 인류의 지식과 능력을 발전시켜 가는 도구입니다. 지식과 능력은 새로운 도전이 없으면 스스로 향상되지 않습니다. 우주는 이 도전을 이끌어 내는 최고의 훈련장입니다. 미국이나 러시아처럼 우주 개발을 지속적으로 해 오는 나라들이 그동안 최첨단 기술 분야에서 선두 주자가 될 수 있었던 이유 중의 하나가 이런 연유 때문일 것입니다. 우주인이 되어 우주 탐험에 참여하는 그 자체에 큰 매력이 있으나, 저는 그 꿈을 이루기 위해 준비하는 과정이 더 중요하다고 생각합니다. 미국에서도 우주인 선발은 하늘의 별따기와 같은 경쟁을 거쳐야만 가능합니다. 이런 극심한 경쟁을 이겨 내려니, 성격으로나, 학문으로나, 체력으로나 최상의 위치에 있지 못하면 우주인으로 선택될 기회를 얻지 못합니다.

그러므로 우주인이 될 것을 목표로 삼고 꾸준히 노력하면 꼭 우주인이 되어서가 아니라, 그 과정을 거치는 중에 자연스럽게 인류 사회에 큰 공헌을 할 수 있는 훌륭한 사람이 될 수 있으리라고 봅니다.

현재 우리나라는 항공 기술도 착실하게 발전시켜 오고 있습니다. 항공과 우주 기술의 밀접한 관계를 인식하고, 두 분야를 균형 있게 발전시켜 나가는 것이 중요하다고 봅니다. 두 분야 모두에서 다른 선진 국가들을 쫓아가는 입장이니, 우리나라가 두각을 나타낼 수 있는 분야를 잘 선택한 뒤에, 그 분야에 집중하는 연구와 개발이 중요할 것입니다. 항공 우주 강국이 되는 데 여러분들이 한국의 미래를 책임진다는 사명감을 가지고, 꾸준히 노력하기를 기원합니다.

덧붙임 1

인공위성에 대해 궁금한 다섯 가지

1) 하늘에 수많은 인공위성이 떠다닐 텐데, 인공위성끼리 부딪히는 일은 없나요?

현재 하늘에는 사람의 손으로 만들어져 버려진 물체들이 수만 개에 이르고 있습니다. 이 물체들은 주로 수명이 다한 인공위성과 그것을 발사하기 위해 사용된 발사체의 잔해가 대부분입니다. 이러한 물체들은 대부분 일정한 속도와 방향을 가지고 있으나 충돌 가능성이 전혀 없지는 않습니다. 실제로 2009년 2월에는 사용 중이던 미국의 이리듐 33호 위성과 고장 난 러시아의 코스모스 통신 위성이 충돌하는 사고가 난 적이 있었습니다. 당장은 아니지만 앞으로는 우주 쓰레기는 큰 사회 문제가 될 수도 있을 것입니다.

2) 인공위성의 크기는 어느 정도 되나요?

천차만별입니다. 작은 것은 100g 이하에서 큰 것은 1,000kg 이상이 됩니다. 크기에 따라 펨토 위성, 피코 위성, 나노 위성, 초소형 위성, 소형 위성, 중형 위성 및 대형 위성 등으로 구분합니다. 펨토 위성은 100g 이하, 피코 위성은 0.1~1kg 이하, 나노 위성은 1~10kg, 초소형 위성은 10~100kg, 소형 위성은 100~500kg, 중형 위성은 500~1,000kg, 대형 위성은 1,000kg 이상을 말합니다.

하나의 인공위성이 개발될 때는 그 위성이 수행할 기능이나 임무에 따라 크기 및 무게가 정해지게 됩니다. 보다 다양한 기능, 정밀한 자세 제어, 좀 더 높은 해상도의 영상 확보 등을 위해서 위성의 크기는 점차 커져 왔으나 최근 들어서는 여러 가지 목적을 가지고 위성을 작게 개발하는 것이 진행 중입니다.

극소형 위성을 개발하는 이유는 첫번째, 편대 비행을 통해 목표 지역을 집중 관측할 수 있는 장점이 있습니다.

두 번째, 대형 위성을 둘러쌓아 그것을 보호하기 위해 개발되기도 합니다. 세 번째, 적의 위성에 부착되어 필요할 경우 스스로 폭파되는 '기생 위성'으로 사용하거나 매우 빠른 속도로 움직이는 위성 앞에서 스스로 폭파되면서 만들어진 파편으로 상대 위성을 손상시키는 '킬러 위성'으로의 목적도 있습니다. 그러나 이런 특수한 경우를 빼고는 대부분의 관측 위성과 이동 통신 위성 등은 중형 위성으로, 통신 방송 위성이나 기상 위성 등은 모두 대형 위성으로 개발됩니다.

3) 인공위성 한 대의 가격은 얼마 정도 인가요?

인공위성 한 대를 개발하는 데 드는 비용은 수천억 원 정도입니다. 이 비용에는 설계에서부터 부품 구매, 제작, 조립 및 시험, 발사 등 모든 과정에 드는 비용이 포함되어 있습니다.

실제로 아리랑 위성 2호의 경우 무게가 800kg인데 개발 비용은 대략 2,500억 원 정도 들었습니다. 금 1g의 가격이 대략 6만 원인데 아리랑 위성 2호 1g의 가격은 30만 원에 달합니다. 벤츠 자동차 1g의 가격은 60원(2.5억 원/4.2톤), A380F 항공기

1g의 가격은 1,083원(3000억 원/277톤)이니 인공위성 개발 비용이 엄청나다는 걸 알 수 있겠죠?

4) 인공위성이 떠다니는 우주 환경은 어떤 상태인가요?

어린아이의 입김에도 인공위성이 움직일 수 있는 '무중력 상태'입니다. 또한 공기가 거의 없는 '진공 상태'입니다. 낮과 밤의 온도 차이가 수백 도 이상 납니다. 엄청난 일교차를 견디기 위해 담요를 두르듯 인공위성 표면에 다양한 장치들을 하게 됩니다.

또한 우주는 방사능과 플라즈마 상태입니다. 지구에서도 대지로부터 나오는 방사선 등이 존재하듯 우주에는 초신성 폭발로 생긴 '우주선'이라고 하는 방사선이 존재합니다. 이것은 지구로 일부 유입되기도 하는데 상당 부분은 대기권에서 걸러집니다.

5) 인공위성에도 수명이 있나요?

네, 물론입니다. 소형 위성의 경우 3년에서 대형 위성의 경우는 10~20년까지라고 보는데, 설계 방식이나 우주 환경에 따라 달라질 수 있습니다.

예를 들어 인공위성에 들어가는 연료가 다 떨어졌거나, 인공위성에 있는 전자 장비 및 태양 전지가 시간에 따라 약해졌을 경우, 인공위성 전력을 담당하는 축전지의 성능이나 구동 기기의 성능이 떨어졌을 경우에 따라 수명이 결정되지요.

수명이 다한 위성이나 우주 정거장의 경우 우주 쓰레기가 되지 않기 위해 지구로 떨어뜨립니다.

2001년 러시아의 우주 정거장 '미르'가 그러한 예인데요. 러시아는 1986년에 미르를 발사해서 15년 동안 사용한 뒤 수명이 다하자 대기권으로 진입시켜 태평양 한가운데로 수장시켰습니다. 다른 대형 인공위성도 수명이 다하면 이처럼 바다에 수장시키거나 대기권을 통과하면서 불태우게 됩니다. 모두 그렇게 처리하는 것은 아니고 고장이 나거나 로켓에서 떨어져 나온 일부 부품들은 그대로 우주 쓰레기로 남아 있기도 합니다.

덧붙임 2

우주인에 대해 궁금한 다섯 가지

1) 우주인은 어떤 음식을 먹을까요?
우주에서는 중력이 작용하지 않기 때문에 음식이 제자리에 놓여 있질 못합니다. 이리저리 날아다니기 때문에 액체일 경우 우주선 내부 기기에 들어가 고장을 일으킬 수도 있습니다. 따라서 물이나 반찬은 튜브형으로 만들어 빨아먹도록 만듭니다. 소금, 후추 같은 것도 공중으로 흩어질 수 있어 액체 형태로 만들게 됩니다. 초콜릿이나 과일 같은 음식은 원래 상태 그대로 먹지만 스파게티 같은 경우는 약간의 물이 필요하기도 합니다. 물론, 우주 왕복선과 국제 우주 정거장에는 음식을 데우거나 조리할 수 있는 오븐이 준비되어 있지요. 그리고 장기간의 임무에서 음식이 상하는 것을 막기 위해서 음식들은 특별하게 포장되고 보관됩니다.
한국 최초의 우주인 이소연 씨를 위해 총 10종(볶은 김치, 고추장, 된장국, 녹차, 홍삼차, 밥, 김치, 생식바, 수정과, 라면)의 우주 식품을 개발하여 우주 정거장에서 사용하였습니다.

2) 우주인은 어떤 옷을 입을까요?
우주 정거장 승무원들은 러시아나 미국에서 공급받은 옷을 선택할 수 있습니다. 또한, 그들은 우주 정거장에서 일할 때 필요한 두 가지 종류의 러시아 작업복(heavy 또는 light-duty)중에서 선택할 수 있습니다. 우주로 옷을 보내는 것은 비용이 많이 들 뿐만 아니라 우주 정거장에는 세탁기도 없고, 물을 절약하기 위해서도 우주인들은 지구에서와 같이 자주 옷을 갈아입을 수 없습니다. 다행히, 우주인들은 우주복을 입지 않고서는 밖으로 나가지 않기 때문에, 지구에서 사는 사람들만큼 더러워지지는 않습니다.

3) 우주인은 어떻게 자나요?
우주에서는 중력이 없어서 위아래 의미가 없습니다. 따라서 어떤 방향에서든지 잘 수 있습니다. 그러나 둥둥 떠다니면서 자면 어딘가에 부딪힐 수 있기 때문에, 침낭에 들어가서 잡니다.

4) 우주인도 샤워를 하나요?

사람의 생명 유지에 필수적인 물은 우주라는 제한된 공간에서 생활하는 우주인들에게 아주 소중합니다.
국제 우주 정거장(ISS)를 기준으로 말하면 사용하는 대부분의 물은 우주 왕복선(미국), 프로그레스 호(러시아) 등을 이용해 지구에서 운송됩니다. 이 운송 비용도 만만치 않게 많이 들지요. 이 운송된 물은 우주인들의 식수로 사용되기도 하고, 음식 준비나 손 씻기, 세면 등 일상 생활에 사용됩니다. 예전에 운용된 우주 정거장에는 샤워 시설이 있기도 했지만 현재의 국제 우주 정거장에는 샤워 시설이 없습니다. 그래서 우주인들은 비누 거품을 묻힌 젖은 수건을 사용해 세면, 머리 감기, 목욕 등을 하게 됩니다.

5) 우주인의 용변

중력이라는 특수한 환경 때문에 우주 정거장에는 진공청소기처럼 작동되는 화장실이 갖춰져 있습니다. 즉, 변기는 수세식이 아니고 팬을 돌려 강한 공기의 힘으로 배설물을 빨아들여 용기로 보냅니다. 소변은 소변기의 튜브를 통해 공기의 힘을 이용하여 별도의 소변 탱크로 이동시켜 저장해 두며, 화장실은 남녀 공용입니다. 초기의 우주인들이 짧은 기간 우주에 머무를 때 기저귀를 착용했고, 배설물은 봉지에 모아 지구로 돌아왔습니다. 우주인들이 무중력 환경에서 배변을 할 때 배설물들이 종종 우주선에서 날아 다니기 때문에 상당한 훈련을 필요로 합니다. 화장실이 설치된 오늘날에도 이륙하거나 궤도에 진입할 때, 우주에서 유영할 때, 일정한 기압이 유지되는 우주복을 입을 때에는 화장실을 사용할 수 없고, 기저귀를 찹니다

덧붙임 3

항공 우주 전시관과 참여 프로그램 소개

1. 한국항공우주연구원
하늘과 우주를 향한 대한민국의 꿈과 새로운 가치를 실현하기 위해 새로운 기술 개발과 보급을 목적으로 하는 전문 연구 기관.
- 위치_대전광역시 유성구 과학로 115(어은동 45번지)
- 전화_042-860-2114
- 홈페이지_http://www.kari.re.kr/index.asp

2. 한국항공대학교 항공우주박물관
국내외 항공 우주 과학 자료 전시관으로, 비행 시뮬레이터 가상 체험을 할 수 있는 체험존을 비롯해 항공 우주 역사존, 미래 우주존 등으로 구성되어 있음.
- 위치_경기도 고양시 덕양구 항공대길 100(화전동 200-1)
- 전화_02-300-0466
- 홈페이지_http://aerospace2.kau.ac.kr/

3. 항공우주박물관
미래에 항공 우주 산업을 이끌어 갈 꿈나무들에게 꿈과 희망을 심어 주는 체험을 할 수 있는 곳. 다양한 비행기를 비롯해 항공 우주의 역사를 한눈에 살펴볼 수 있도록 구성되어 있음.
- 위치_경남 사천시 사남면 유천리 802
- 전화_055-851-6565
- 홈페이지_http://www.aerospacemuseum.co.kr/

4. 국립서울과학관
'모든 국민의 과학화'를 목표로 과학 기술사, 자연사, 기초 산업 기술에 관한 자료를 수집하고 전시함.
- 위치_서울특별시 종로구 와룡동 2
- 전화_02-3668-2200
- 홈페이지_www.ssm.go.kr

5. 국립과천과학관
어린이들이 과학에 대한 과학자의 꿈을 키워나갈 수 있도록 기초 과학관, 첨단 기술관, 어린이 탐구 체험관, 자연사관, 전통 과학관, 천체 투영관 등으로 구성됨.
- 위치_경기도 과천시 과천동 706
- 전화_02-3677-1500
- 홈페이지_www.scientorium.go.kr

6. 국립중앙과학관
4천여 점의 전시품을 볼 수 있는 상설 전시관을 비롯해 우주 과학 분야를 제대로 살펴볼 수 있는 우주 체험관까지 다양한 과학과 교육, 문화, 오락을 즐길 수 있고, 미래 과학을 체험해 볼 수 있음.
- 위치_대전광역시 유성구 대덕대로 481(구성동 32-2)
- 전화_042-601-7894
- 홈페이지_www.science.go.kr

7. 한국항공우주연구원 체험 프로그램

행사명	시기	주요 내용
카리스쿨 항공 우주 과학 캠프	1월, 8월	**대상** 초등 3학년~ 중학 3학년 **내용** 연구 시설 견학, 과학 강연, 항공우주 과학 체험
우주인과 떠나는 우주 여행	1월, 8월	**대상** 초등 3학년~ 중학 3학년 **내용** 연구 시설 견학, 과학 강연, 항공우주 과학 체험
과학 웹진 푸른하늘	주 1회	**대상** 카리스쿨 회원 **내용** 항공 우주 과학 원리, 과학상식·실험 등 교육 콘텐츠 제공
항공 우주 과학 경진 대회	지역 예선(4~9월) 전국 본선(10월)	**대회 종목** 글라이더, 고무 동력기, 화약 로켓, 물 로켓 **대상** 전국 초, 중, 고등학생 **시상** 교과부장관상, 시도교육감상, 한국항공우주연구원장상 **참가 신청** www.karischool.re.kr
'하늘꿈, 우주미래' 과학 콘텐츠 대회	5월	**대회 종목** 그림 그리기, 글짓기, 만화 **대상** 초·중·고등학생 **시상** 한국항공우주연구원장상 등등
과학 강연	연중	**대상** 과학 강연을 희망하는 30명 이상 단체 **강연자** 항공 우주 과학자가 직접 방문하여 강연
과학 전시	4~9월	**주요 행사** 서울가족과학축제(4월), 대한민국과학축전(8월), 지방과학축전 등 **참가 내용** 우주인증 발급, 항공 우주 과학 체험 등
단체 견학	연중	**대상** 50인 이하 단체 **내용** 연구 시설 견학
개별 견학	여름/겨울방학 (매주 월요일)	**대상** 개인, 가족, 10명 이하 소규모 단체 **참가 신청** www.karichool.or.kr